내 사유의 속살들

현각 스님 지음

내 사유의 속살들

• 머리말 •

    몇 년 전 일이다. 『현대불교』에 근무하던 조동섭 차장이 연구실에 찾아왔다. 일 년간 칼럼 연재를 부탁하였다. 제자의 부탁이고 보니 딱 잡아떼기가 어려워 허락하였다. 매주 기고한 글이 이태가 되었다. 이번에 그 글의 일부를 간추려 세상에 선보이게 되었다.
    글을 쓰면서 항상 머뭇거리기 일쑤이다. 독자에게 무슨 말을 전하려고 하는가 자신에게 반문하기 때문이다. 아마 생명, 양심, 영혼을 노래하고 싶었다고 기억된다. 이들이야말로 내 사유세계의 속살들이었다고 털어놓는다.
    생명을 찬탄하기 위해 산에 오른다. 봄날이면 샛노란 잎과 대화를 나눈다. 벅찬 감동이 온다. 매 순간 성장의 변화를 거듭하는 자연에서 자신의 나태함을 확인한다. 그리고 더욱 성스럽기까지 한 생명이 있다. 누가 밟고 지나가도 괘념하지 않는 바위의 의연함에 놀라기도 한다. 오솔길에 구절초가 서성이고 있다. 나뭇가지를 스치는 선들바람이 또한 서성이고 있다. 나는 서성인 적이 얼마나 있을까. 불의 앞에 서성였는가, 권력 앞에 서성였는가, 물질 앞에 서성였는가. 아니면 물질 앞에 왈칵 달려들어 먹이를 낚아채는 두꺼비마냥 꿀꺽 삼킨 일은 없었는지 조심스럽다.

혼자 오르는 산길은 호젓한 시간이다. 누구는 혼자 걷는 산길이 무섭다고 하지만 내겐 그렇지 않다. 갈 때는 혼자 나선 길이지만 돌아올 때는 다른 나와 동행할 수 있기 때문이다. 빛바래고 총기가 가신 자신이 정화되어 새롭게 탄생해 동반하고 있지 않은가. 참 경이롭다.

선심禪心은 순수이고 성찰이고 반성이라고 명명하고 싶다. 누구나 희구하는 마음이겠지만 그리되기는 수월하지 않다. 주변에 별의별 유혹이 따르기 때문이다. 넘어져도 툭툭 털고 일어나는 오뚝이처럼 선심을 버티게 하는 요술쟁이가 있으면 좋겠다. 밀려오는 파도가 포말이 된다. 포말은 소멸로 그치지 않고 다시 파도의 원천이 되듯이, 혼재는 거기서 멈추지 않고 쉼 없이 정화작용을 하

여 보다 나은 세계가 이룩될 것이다.

오늘도 덕지덕지한 혼탁한 영혼에 빗질을 하고자 하는 모든 이들의 손에 이 작은 책이 들리기를 기대한다. 그리하여 마침내 상실된 맑은 영혼을 되찾기를 바란다.

이 책이 세상에 선보이기까지 많은 인연들이 있다. 동국대학교 출판사업팀 박세훈 팀장, 심종섭 편집장의 노고에 감사하고 출판사업팀 온 가족들의 정성에 고마움을 전한다.

2013. 9. 13
인왕산 마니사에서
현 각

• 차례 •

머리말 _ 4

1장 마음과 나누는 대화

그대의 마음이 움직인다	… 13
연꽃등 아래서	… 17
도는 믿음에, 믿음은 진실에	… 21
새가 날면 깃털이 떨어진다	… 25
소의 자취를 발견하다	… 29
세 가지 병	… 33
풍성상주	… 37
일기일경	… 41
한고추	… 45
의미가 있어야 한다	… 49
피안의 향기	… 54
복수불반분	… 58
하늘 마음	… 62
자기성찰	… 66
사색의 안마	… 70

2장 ❦ 모름지기 공부인이라면

살았느냐	⋯ 77
문자를 쓰지 않는다	⋯ 81
무엇이 선사의 길입니까	⋯ 85
꽃 보고 깨달아	⋯ 89
평상심이 도	⋯ 93
갈대가 자라 무릎을 뚫는다	⋯ 96
정진력	⋯ 100
백척간두에서 걸어 보라	⋯ 104
방	⋯ 109
할	⋯ 113
먹물을 가져오너라	⋯ 117
선	⋯ 121
기와를 갈면 거울이 됩니까	⋯ 125
놓아라	⋯ 129
소리를 듣고 깨달아	⋯ 133

3장 ❦ 사색이 있는 풍경

꿈	… 139
무공덕	… 143
생색내지 않는 삶	… 147
상락아정	… 151
주객 합일	… 155
아직 여기에 있는가	… 159
너 어디 가니	… 163
감로	… 167
주인공	… 171
오랫동안 앉아 있어서 지쳤다	… 175
행운유수	… 179
상서로운 모습을 보았는가	… 183
뗏목의 비유	… 187
따귀를 철썩철썩	… 191
위가 가벼워야 한다	… 195

4장 🍀 일상에서의 단상

삼보의 언덕	⋯ 201
인생은 발견이다	⋯ 205
상호가 좋다	⋯ 209
의발	⋯ 213
화택	⋯ 216
오로봉	⋯ 221
자업자득	⋯ 225
음악회의 단상	⋯ 229
검색이 됩니까	⋯ 233
내가 몇 살이더라	⋯ 237
B257	⋯ 241
첫 경험	⋯ 246
잘 보기	⋯ 250
퇴임 고불식	⋯ 254
봉투바람	⋯ 259

낱말풀이 _ 263

1장

마음과 나누는 대화

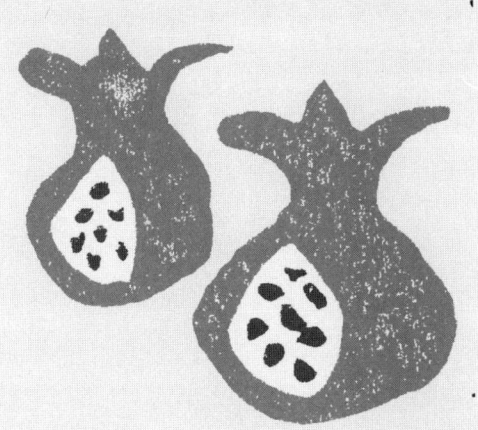

그대의 마음이 움직인다

　연전에 인도 여행을 한 일이 있다. 일정 가운데 타지마할을 경유하게 되었다. 샤 자한(Shah Jahan, 1592~1666) 왕은 예술을 매우 사랑했고 역대 인도 왕 가운데 손꼽히는 낭만적인 군주였다. 젊은 나이로 세상을 떠난 왕비 뭄타즈 마할을 못 잊어 지은 무덤 궁전 타지마할은 위용과 아름다운 자태를 자랑하는 순백의 궁전이다. 이 건물은 인도 중세 최대의 건축물로 손꼽히고 있다. 기단은 사방 56m의 정사각형 모양이다.

　타지마할 인근에 여장을 풀고 아침 산책길에 돌을 주웠다. 모난 데가 없이 둥글둥글하게 생긴 몽우리[1]가 유독 눈에 띄었다. 흔한 돌인데 왜 손이 갔을까. 배울 것이 많은 돌의 모습에 매료되었기 때문이다. 저 돌의 고향은 아마 깊은 계곡이었으리라. 모진 풍상에 깎이고 세월에 스치고 개울물에 씻겨 저 모습이 되었을 것이다. 그런

후 누군가의 필요에 따라 이곳까지 옮겨 온 것이 아닐까.

사람이 저 몽우리처럼 둥글게 둥글게 되지 못하는 것은 무엇 때문일까. 아마 너무 큰 집을 지어 그 집에서 벗어나지 못하기 때문이 아닐까 생각한다. 큰 집이란 견고한 아집이다. 아집에 국집하다 보면 주변 무엇도 배제하고 만다. 상대를 받아들일 여백이 없어지고 만다. 내 생각만 옳고 상대편 생각이 모두 그르다 한다면 세상은 항상 불협화음의 갈등에서 벗어나기 어려운 일이다.

우리는 착각 속에 살면서도 전혀 그런 줄 모르고 무감각하게 살고 있다. 그 역사적 오류의 사례가 있다. 지구가 둥글다는 당연한 진리도 예전에는 용인되지 않았다. 오늘날 지구가 판판하다고 생각하는 사람은 아마 없을 터인데.

인자심동仁者心動이란 '그대의 마음이 움직인다'는 말이다. 여기서 어질 인仁 자는 '당신', '그대'라는 2인칭의 경칭이다.『무문관』제29칙에 비풍비번非風非幡이 나온다.

어느 날 찰번刹幡이 휘날리는 것을 보고 두 스님이 옥신각신하고 있었다. 한 스님은 깃발이 날린다고 우겨대고 또 한 스님은 바람이 움직인다고 자기 주장을 고집하고 있었다. 내기에서 자꾸 지면서도 다시 하자고 달려드는 윷진아비[2]마냥 말이다. 그때 혜능은 말하였다.

"바람이 움직이는 것도 아니고, 깃발이 날리는 것도 아니오. 오직 그대들의 마음이 움직일 뿐이오."

이 통쾌한 답변에 두 납자는 몸 둘 바를 몰라 했다.

당시의 배경을 살펴보자. 혜능은 5조 홍인의 문하를 떠나 남해 법성사에 당도했다. 마침 인종 법사의 『열반경』 강의가 있을 때였다. 인종 법사는 교학의 대가로서 출가자는 아니었다. 비풍비번의 얘기를 듣고 큰 감동을 받아 혜능에게 삭발하게 된다. 마음이 움직인다 함은 유심론唯心論의 입장에서 본 견해일 것이다. 일체 만물의 작용이나 동정動靜 등은 모두 마음으로부터 나타난다고 했기 때문이다.

선에서는 마음을 강조한다. 그런데 그 마음이란 것이 인체 어느 곳에 자리하고 있을까 궁금한 일이다. 궁금증을 풀기 위한 해답은 곧 작용하는 데 있다는 것이다. 예컨대 마음이 눈에 작용하면 본다고 한다. 귀에 작용하면 듣는다 하고…. 마음은 둥글 원으로 곧잘 표현되기도 하는데 원은 일종의 마음의 대명사로 보아도 무방할 것이다.

선의 입장에서 보면 깃발이 나부낀다든지 바람이 움직인다든지 마음이 움직인다든지 하는 말은 차별계(色)이고, 평등계(空)에서 볼 때 맥 빠진 말이 되고 만다. 선지禪旨와는 상당한 거리가 생기고 만다. 깃발이 나부낄 때 마음이 깃발과 한 몸이 되면 깃발이 날린다는 것도 없고 자기 자신도 없어진다. 이러한 경지가 되면 바람이니 깃발이니 마음이니 하는 것들이 인식될 리가 없다. 소위 헌헌장부軒軒丈夫[3]가 되는 것이다.

종에서 소리가 나는가, 아니면 쇠망치에서 소리가 나는가. 종을 쇠망치로 치니까 소리가 나는 것이지 치지 않으면 소리가 나지 않는다. 그렇다면 종과 쇠망치는 어떤 관계를 가지고 있는가. 앞의 인자심동의 이치를 대입해 보면 쉬 풀릴 문제라고 본다.

근세 어느 고승은 모난 자신의 삶을 반조하며 느낀 바 컸던 모양이다. 그래서 제자들의 법명에는 둥글 원圓 자를 넣어 지었다고 한다. 모나지 않게 둥글게 살라고 하는 깊은 성찰과 염원이 깃들어 있다고 생각한다.

오늘 따라 유난히 드센 바람이 불어 인자심동이 떠올랐다.

연꽃등 아래서

　갈증을 느끼고 있는 대지에 봄비가 한 보지락[4] 내렸다. 이제 저 대지 위에 농부의 손길이 부산해질 것이다. 이런 농번기가 되면 미랭시未冷尸[5]라 하더라도 일손을 거들고자 이랑에 씨를 넣거나 아니면 밭두렁 논두렁에 앉아 작은 참견이라도 할 것이다. 배주룩[6] 나온 싹들은 그 푸름을 더할 것이고 농부들의 흥겨운 메나리[7]는 일손을 한층 재촉할 것이다. 메나리 곡조는 아마 어느 농부의 시름을 싣고 허공으로 훨훨 날아갈 것이다. 인간의 애환이나 시름 따위를 선별하지 않고 포용하고 받아들이는 허공에게 관용의 미덕을 배운다.

　부처님은 저 허공과 같이 중생에게 분별심 없는 자비의 손을 덥석 내밀었다. 인종도 지역도 따지지 않고 말이다. 그 위대한 손길을, 숨결을 가까이서 느낄 수 있는 부처님 오신 날이 다가왔다.

도심에는 온통 연등을 밝혀 성인의 탄생을 찬탄하고 있다. 도심에 뒤질새라 어김없이 각양각색의 등으로 장엄한 심산유곡의 풍경은 극락세계가 여기가 아닐까 할 정도이다. 불교를 상징하는 꽃이라면 단연 연꽃이다. 이 연꽃을 고대 그리스에서는 망우수忘憂樹라고 했다. 근심·걱정을 모두 잊는다는 말이다. 그들은 연꽃 열매를 먹으면 행복하고 안락하며 황홀경에 빠진다고 하였다.

북방불교에서 연꽃은 원형의 꽃으로 표현한다. 그러나 불경에 나오는 연꽃은 타원형을 한 수련睡蓮으로 묘사되고 있다. 고대 인도에서는 이 연꽃을 매우 중요시하며 비슈누 신 배꼽에서 생겨난 연화 속에 범천梵天이 있어서 만물을 창조한다고 했다. 극락세계는 연화세계와 동일한 말이다. 극락을 Sukhavatī라고 한다. sukh(행복해 하다)라는 동사에서 sukha라는 명사가 되었다. vatī는 '아미타 부처님이 있는 하늘나라'를 가리킨 말이다.

연꽃은 일반적으로 네 종류를 말한다. 홍련화(padma), 청련화(utpala), 적백련화(kumuda), 백련화(puṇḍarīka)이다. 광명진언 가운데 마니빠드마manipadma가 나오는데 마니는 '진주', '보석'의 뜻이고 빠드마는 '홍련'을 가리키고 있음을 알 수 있다. '진주와 같은 연꽃'이라는 말이다. 『묘법연화경』을 Saddharma-puṇḍarīka-sūtra라고 한다. 『법화경』에서 연꽃은 백련을 가리키고 있음을 알 수 있다. 『화엄경』에서 부처님이 교화하는 세계를 비유하여 Sākyamuni-saṃpresita라고 한다. saṃpresita는 '소집하다', '초청하다'라는 뜻으로 '부처님이 중생을 교화하기 위해서 초청하고 소집한다'는 말이다. 연꽃은 진흙 속에서도 물들지 않는 성품으로 인해『법화경』이나『화엄경』등에서 곧잘 비유되고 있다. 중생의 마음 또한 물들지 않는 연꽃처럼 청정하다고 가르치고 있다.

    연꽃이 한창일 때면 전주 덕진공원 연못을 찾곤 한다. 드넓은 연못 사이로 길이 있어 연꽃을 좌우로 보며 거닐 수 있게 되어 있다. 그런데 기분 좋게 거닐다 보면 문득 그 좋던 기분이 정지되고 만다. 어찌 저런 심술을 지닌 사람이 있을까. 담배꽁초를 버릴 곳이 그리 없어서 연잎에 버렸단 말인가. 이런 군상과 같은 시대 같은 공간에서 호흡하고 있다는 현실에 무력감을 느끼게 된다. 그뿐이랴. 동전을 품고 있는 잎을 보고 있노라면 평온했던 마음에 이내 구김살이 가고 만다. 아마 실험정신이 강한 사람의 소행일까. 진흙 속에서도 물들지 않는 연잎이니 만인이 추구하는 돈마저도 거부하는지 실험해 본 것인지 모를 일이다. 액체와 쇠붙이의 속성은 영 다른 것이니 제발 그런 무모한 짓은 꼭 사라져야 할 일이다. 공공장소에서 담배 피우는 것만으로도 타인에게 피해를 주는 일인데 푸름을 뽐내고 있는 연잎에 웬 담배꽁초란 말인가. 제발 그대의 손을 멈추시기를.

    인간의 품성은 충고 정도로는 변하지 않는 모양이다. 그러니 부처님은 '침묵하라'고 하였고 '명상하라'고 하였다. 침묵을 통해서 인간 본성을 반조해 볼 수 있는 것이고 명상을 통해 잠자는 자아를 발견하라는 것이다. 세상에 초매超邁[8]한 재주를 지닌 사람이 몇이나 되랴. 모두 정진에 따라 우등과 열등이 드러나는 것이다.

    해와 달과 별들이 세상을 밝게 비추고 그 빛은 장애됨이 없듯이 우리 삶도 공명정대하길 바라며 세사에 시달려도 연꽃과 같이 물들지 않는 삶을 살고자 발원해 본다. 연꽃등 아래서.

도는 믿음에, 믿음은 진실에

　며칠 전 우연히 큰 정치인을 만났다. 그날따라 머리가 맑지 않고 몸이 찌뿌듯하여 기분을 전환하고 싶은 마음에서 찻집에 들렀다. 그 정치인은 지금은 일선에서 물러난 인물이지만 옛날 그가 쓴 글에서 필자는 큰 감동을 받은 적이 있다. 그때 소년시절이 주마등처럼 스쳐갔다. 그는 말하길 '역사는 한 사람의 손에 의해 쓰여진다'고 했고 더불어 '일야일권 독파주의'였다고도 했다. 그날 읽는 책을 다 읽지 못하면 학교에도 가지 않았다고 하니 가히 독서광임이 분명했다. 한 시대를 풍미했던 그도 이제 몸이 여의치 않아 휠체어에 의탁하여 외출 나온 것이다. 반가이 인사를 나누고 차 공양까지 받았다. 헤어질 때 천수를 누리라는 인사도 건넸다. 요즘 파근한[9] 다리를 힘겨워했는데 그의 뒷모습을 보며 날개를 단 듯 가벼워졌다.

인간에게는 통증이 있기 마련이다. 그 통증은 육신만이 아니라 마음에도 깃든다. 육신에 아픈 증세가 있으면 약국이나 병원을 찾는다. 그러나 마음에 통증이 생기면 처방을 받을 생각 하지 않고 상대를 탓하고 주변 상황이나 시대를 원망한다. 바깥 경계가 나의 심사를 어지럽히고 산란하게 하였으며 나아가 통증의 원인이라고 자가진단하기도 한다.

신앙생활을 하는 사람이라면 믿음이라든가 진실이라는 말을 마음에 담고 살리라 생각한다. 믿음(信)이란 śraddhā라고 한다. śra는 '소리'라는 뜻을 가진 svara에서 연유된 말이다. 그리고 dhā는 '당도하다', '도달하다'의 의미가 있다. 그러고 보면 믿음이란 '깨침의 소리에 당도한다'는 뜻이다. 깨침의 소리란 깨달은 사람이 설한 가르침을 말한다. 우리가 믿는다는 것은 어떤 대상이 아니라 부처님이 깨달은 가르침의 소리에 귀 기울여 그 가르침에 따르고 의지한다는 말이 된다.

진실이란 있는 그대로의 모습을 말한다. thatā-tva나 tattva-artha라고 한다. thatā는 '그렇게', '그러한 방식'이고 tva는 '한쪽은', '딴쪽은'의 의미가 된다. 합해 보면 '이쪽이든 저쪽이든 사물의 여여한 상태'를 이르는 말이다. 또한 tattva는 '진리'나 '실다운 상태'를 말하고 artha는 '목적'이나 '이익'이란 말이다. '진리의 이상적인 목적'이라고 풀이함이 온당한 말이다. 믿음의 중요성을 강조한 말이 있다. 『화엄경』에 "신위도원공덕모(信爲道元功德母)"라고 했다. '믿음은 도의 으뜸이고 공덕의 어머니'라는 말이다.
『선림보훈禪林寶訓』권2에서 원오극근圜悟克勤 선사가 말했다.

도를 배우는 일은 믿음에 달려 있고, 믿음을 갖게 하는 것은 진실에 있다. 마음속에 진실이 있어야 대중들이 의심하지 않으며, 자기에게 믿음이 있어야 솔직하게 남을 가르칠 수 있으니, 생각건대 믿음과 진실은 도움만 될 뿐 하나도 손해될 것은 없다. 그러므로 진실이 한결같지 못하면 마음을 보존할 수 없고, 믿음이 전일하지 못하면 말을 실천할 수가 없다는 사실을 알 수 있다. 옛 사람도 말하기를 "옷 입고 밥 먹는 일은 그만두더라도 믿음과 진실을 잃어서는 안 된다."고 하였다.

원오극근(1063~1135) 선사는 사천성 성도부 숭녕현에서 태어났다. 성은 낙駱씨이고 자는 무착無着이며 오조법연五祖法演의 법을 받았다. 불안佛眼·불감佛鑑과 함께 법연 문하의 삼불三佛이라 일컫는다. 설두중현의 송고백칙頌古百則을 엮어『벽암록』을 만들었다.

요즘 매스컴에서는 미국 9·11 테러의 주범 빈 라덴이 사살되었다는 내용이 주종을 이루고 있다. 그의 죽음을 놓고 얘기가 분분하다. 처음에는 무장 항거하여 사살하였다고 발표했다가 다음 날에는 그 과정이 잘못되었다고 수정 발표하였다. 독자나 청취자를 혼돈스럽게 하는 내용들이다.

진실은 간단하다. 진실은 사족을 허용하지 않는다. 미국은 자국의 국익 앞에서는 어떤 거짓도 통용될 수 있다고 보는 것인가. 그 용인 여부는 침묵하고 있는 세계인의 몫이다. 세계인의 이성에 달려 있다고 본다. 진실은 국경과 시대를 초월하는 마력 같은 힘이 있다. 미국이 이런 식으로 신뢰를 잃어간다면 우화 속의 얘기같이 "진짜 늑대가 나왔다!"고 아무리 외쳐 댄들 이미 신의를 잃은 목동의 외침이 되고 말 것이다. 진실이란 공산품이나 농산물마냥 돈만 있으면 시장에 나가 쉬 살 수 있는 물건이 아니다. 누군가가 신뢰를 상실했다고 이내 진실과 물물교환할 수 있는 것 또한 아니다. 진실은 꽃잎이 나부시[10] 내려앉듯이 소리 없이 그의 온몸에 배어드는 것이라고 본다.

새가 날면 깃털이 떨어진다

봄가을로 대부분의 학회가 개최된다. 그 가운데 한국선학회만은 빠지지 않고 참석하여 많은 것을 배우고 정보도 교환하는 유익한 자리이다. 그날따라 많은 회원이 참석하여 진지하고 의욕이 넘쳤다. 학회에서 매번 느끼는 면면이 있다. 그것은 모순이다. 『한비자』「난難편」에 나오는 말이다. 모순矛盾은 창과 방패란 말이다. 그런데 그것이 대립이란 뜻으로 쓰이지 않고 앞뒤가 서로 맞지 않는다는 말이나 행동을 말한다.

초楚나라에 한 병기 장사꾼이 있었다. 그는 창을 들고 "자아, 이 창으로 말할 것 같으면 제아무리 여물고 단단한 것이라도 단 한 번에 꿰뚫고 맙니다."라고 자랑했다. 그런가 하면 방패를 들고 선전할 때는 "자아, 이 방패로 말할 것 같으면 아무리 날카로운 창으로도 뚫을 수 없는 견고한 것입니다."라고 말했다.

그러자 가만히 듣고 있던 한 사람이 말했다. "그 창으로 그 방패를 한번 찔러 보시오. 그러면 결과가 어찌 되겠소?"

장사꾼은 대답이 궁해지고 말았다.

모순이란 자가당착自家撞着과 같은 말이다.

형상도 없고 무게도 없는 마음공부도 그 공부가 여일한지 아닌지 여부를 알기 위해서 필히 거쳐야 하는 과정이 있다. 즉 점검點檢이다. 여기서 점이나 검 모두 조사한다는 뜻이다. 선사는 수행자의 소질뿐만 아니라 능력이나 역량을 면밀하게 조사하는 것이다. 그리하여 마침내 인가의 과정이 따른다. 범어로 수행을 pratipatti라고 한다. 동사는 pratipad로 '얻는다', '확신'이란 뜻이 있다. '어떻게 행동해야 하는지를 알고' 혹은 '무엇이 이루어졌는가를 아는 것'이다. 어찌 보면 학문의 세계에서 검증이란 더 철저한지도 모를 일이다. 교육과정에서 조금이라도 나태함이 보이면 이내 경책이 따르지만 결과는 신통치 않은 경우가 많다. '호리유차毫釐有差하면 천지현격天地懸隔'이란 승찬 스님의 가르침은 모든 학문세계나 정신세계의 수련자들에게 통용되는 불변의 진리가 아닐까 생각한다.

이번 학회에서 한 발표자의 글과 태도를 보고 느낀 바가 많았다. 두 손바닥으로 하늘을 다 가릴 수는 없다. 학회는 자기주장만 내세우는 곳이 아니고 나의 학문세계를 대중 앞에 적나라赤裸裸하게 드러내어 대중으로부터 점검 받는 엄숙한 자리이기도 하다. 이런 성전과도 같은 자리에서 질문에 대한 답을 충실히 할 여유를 갖지 못하고 거친 어투로 대중의 고요한 마음에 파장을 일으키는 것은 무슨 심사일까.

『벽암록』 제29칙의 내용을 보고자 한다.

  물고기가 헤엄치면 물이 흐려지고 魚行水濁
  새가 날면 깃털이 떨어진다.   鳥飛毛落

이렇듯 평범한 사실을 세상 사람들은 알지 못한다. 주인과 손님을 확실하게 분별하고 흑과 백을 환히 나누어 본다면 바로 밝은 거울에 사물이 비치듯이 진상을 있는 그대로 보고, 손바닥 안에 든 야광주는 원전자재圓轉自在로 구르며 한인漢人도 호인胡人도 다 비쳐 소리나 빛깔로 야광주의 진면목을 다 알아낸다.

『벽암록』에서 시사하는 점은 깨달음에 조금이라도 찌꺼기가 남아 있으면 안 된다고 강조한 것이다. 수행자가 그림자를 떨치지 못하면 더욱 위험한 일이다. 이름이란 그림자, 연륜이란 그림자, 곧 상相의 그림자 말이다. 상을 극복하는 일이야말로 공부의 첩경이 아닐까 생각한다. 도가 터진다, 도를 깬다는 말을 하는데, 물건이 깨어지듯이 뭔가가 깨진다거나 풍선이 펑- 하고 터지듯이 뭔가가 터지는 것을 도를 깨닫는 것으로 착각하며 살고 있지나 않는지 각자의 성찰이 필요하다. 혹 우리는 옛 선사들의 표현 방식에 착각을 일으키고 '터진다'느니 '깬다'는 틀에서 벗어나지 못하고 있는 것은 아닌지. 알음알이에 집착하여 거기에 머무르면, 그 알음알이가 '나'를 망친다. 알음알이를 형상화시켜서는 안 되는 이유가 여기에 있다.

필자는 마음이 클클하면[11] 산에 오른다. 산이라야 주변에 있는 인왕산이나 남산이 고작이다. 그러다 보니 큰 준비 없이도 쉬 오를 수 있어 좋다. 기온이 많이 올라 재넘이가 산들산들 불면 심호흡으로 시원함을 만끽하곤 한다. 계절은 절기에 따라 적절한 선물을 무진장 쏟아낸다. 받아 쓰는 것은 오직 인간의 몫이다. 바쁜 일상에서 희황상인羲皇上人[12]의 삶을 그리워한들 무슨 소용이 있겠는가. 비단 산속에 들어가지 않아도 쉬어감, 여유, 반추는 우리에게 희황상인의 유유자적한 삶의 즐거움을 맛보게 하지 않을까 한다.

일상의 나부랭이[13]는 떼어내기가 쉬우나 마음의 나부랭이는 보이지 않아 떨치기가 만만치 않네.

소의 자취를 발견하다

어느 과학자가 다음과 같은 실험을 한 적이 있다.

방 안에 소파, 조명, 책상을 두고 테이블 위에는 음식을 마련해 두었다. 사람에게는 앞에 놓인 시설물이 모두 보였다. 그런데 같은 방이지만 개에게는 테이블 위에 놓인 음식과 소파는 보여도 책상과 조명은 보이지 않았다고 한다. 파리의 입장이 되면 조명과 음식 말고는 아무것도 보이지 않는다고 한다. 이처럼 각각의 처지에 따라 의미가 있는 것만 존재한다는 것이 환環세계(umwelt)[14]의 개념이라고 한다.

사람은 방에 놓인 모든 사물이 다 보였다고 하니 개나 파리의 차원에서 보면 뛰어난 영물임에 틀림없다. '본다'고 할 경우 단순히 보이는 대상만 보는 경우가 대부분이지만 그렇지 않은 경우도 있다. 육안으로 헤아려 보기에 불가능한 보이지 않는 무한한 세계가 있다.

보이는 것은 눈의 작용이다. 범어로 눈(眼)에 해당되는 말은 다양하다. cakshu는 '눈'이고 netra는 '안내자'의 의미가 있다. 정작 '본다'에 적절한 말은 dris이다. 그저 눈앞에 전개되는 사물이 시야에 들어오니까 본다는 단순한 말이 아니다. '마음으로 익히고, 이해해서 본다'든가 '순수직관을 통해 생각하고 발견하여 본다'는 말이다. 여기서 '철학'이란 의미의 darśana가 나왔다.

중생세계를 saha loka라 한다. saha는 '참는다' 혹은 '힘이 센'의 뜻이고 loka는 '세상'의 뜻이다. 그러니까 중생세계는 '참아야 하는 세계'란 말이다. 서로간에 더 갖고 싶고, 더 누리고 싶고, 더 즐기고 싶고, 더 오르고 싶은 마음이 그칠 줄 모르고 불타는 세계다. 행짜[15]가 만연한 세계이기도 하다. 베거리[16]쯤이야 예사로운 일이고, 주변에서 지나치게 애발라[17] 인심을 잃는 정도가 다반사이다. 몽골에 바람이 모래를 운반하여 만든 사구(砂丘)를 홍고린 엘스[18]라고 한다. 이 열악한 현장에서도 적자생존의 엄연한 상황이 전개되고 있다. 바로 사바세계의 진면목이 드러나고 있다.

그런가 하면 vedya loka가 있다. '보이지 않는 세계'다. vedya는 '모든 것이 성취되었다'는 말이다. 성취된 세계에서 무엇을 더 갖고자 마음 쓸 일이 있겠는가. 이 세계는 '부처님의 세계'이고 '진리의 세계'이기도 하다. 수행이란 정밀한 여과기를 탈 없이 통과하면 누구나 얻을 수 있는 숭고하고 지고한 세계다.

소의 자취를 발견하다(見跡)라는 말은 「십우도十牛圖」에 나오는 말이다. 혹은 심우도尋牛圖라고도 한다. 십우도를 그린 곽암郭庵 스님이 유달리 선 수행을 소 찾는 것으로 묘사한 것은 다른 것들과 비교해 특이하다. 즉 다른 것들에는 검은 소가 조련되어 순백의 소로 되는 과정을 그리고 있다. 그러나 곽암은 잃어버린 소를 찾아 나서서 소를 보고 잡아끌어서 마침내 소와 내가 하나가 되어 공적空寂이 되고, 다시 당초의 일상생활로 되돌아가는 차례를 그리고 있다. 이것은 당唐대 선의 특징을 이뤘던 평상심의 불도를 자각의 과정으로 대치한 것이다. 따라서 마음의 작용을 잘 다룬 곽암의 「십우도」가 가장 널리 유행할 수밖에 없었다.

소가 선 수행과 어떤 관계가 있을까. 소는 인도나 중국에서 태곳적부터 삶의 중요한 한 영역을 담당했고 농경사회에서 필수적인 동물이다. 세존의 성이 Gōtama인데 Gō는 '소'이고 tama는 '~을 가장 숭상하다', '~을 가장 좋아하다'라는 의미를 갖고 있다. 즉 소 토템을 씨족성으로 한 것이다. 소는 성물로 인정되었다. 중국에서도 함곡관에서 노자老子가 소를 타고 나오는 이미지는 소의 종교적 관념과 무관하지 않다.

역사적으로 보면 당唐대에 이르러 선원에서는 소를 사육하게 된다. 선종이 율가律家의 더부살이를 떨치고 자급자족하는 수행집단으로 변혁될 때, 선농일치적 수행관에 입각하여 소를 사육했던 것이다.

견적見跡이란 수행에 있어서, 무엇인가 알듯 말듯한 경지를 보인 것이다. '선무당 사람 잡는다'는 속담처럼, 얄팍하게 아는 지식으로 부분을 전체인 양 보는 잘못을 저지르기 쉽다. 자기의 조그만 식견을 가지고 사물을 이해하려고도 한다. 스스로 전체를 터득하기보다는 미리 예단하고 결론지어 주관적 해석을 내려버리기 쉽다. 자기식의 언어구사는 곧 진실을 왜곡하고 남에게 피해를 주며 큰 화를 불러오게 된다.

'아는 것이 병이다'라는 말은 불완전한 지식을 빗댄 말이다. 견적에서의 가르침은 어설픈 깨침으로 세상을 망치는 사기꾼을 경계하라는 내용이다. 모르면서 안다는 것도 무서운 사기이지만, 불완전한 지식으로 세상을 혹세무민하는 사이비 종교인을 경계한 가르침이기도 하다.

위선의 허물을 벗고 거짓의 탈을 벗어던지고 진솔하게 인생을 논해 보자. '이것이 나'라고 떳떳이 얘기하는 자세부터 갖추어야 한다.

세 가지 병

　속살을 드러낸 목화송이마냥 새하얀 뭉게구름을 본다. 교정의 유리벽에 반사되는 구름을 관찰하는 여유로움은 사색의 세계를 풍요롭게 한다. 높은 벽에 앉아 낮잠을 즐기고 있는 고양이를 보고 있노라면 휴식이란 저런 걸까 생각하게 된다. 몹시 더운 삼복에 시원한 선들바람이 초록의 잎을 나부낄 때 형체 없는 것의 위대함을 느끼곤 한다. 쉼 없이 솟아나는 옹달샘에서 갈증을 해소했을 때의 물맛이란 어느 산해진미에 비할 수 있겠는가. 이렇게 육신의 눈과 귀와 입으로 느끼는 경험은 삶을 풍부하게 해주는 원천이 되기 마련이다.

　에머슨R. W. Emerson은 말했다. "건강한 하루를 달라. 그러면 어떤 제왕의 영광도 일소一笑에 부치리라." 아마 그는 건강의 소중함을 절실하게 느꼈던 것 같다. 언젠가 병病이란 무엇일까, 스스로에게 자문自問해 본 적이 있다. 병은 dis와 ease의 결합어이다. 안심(ease)에서 동떨어짐(dis)이 병이 된다. 사람이 숨을 쉴 때 안심하고 편히 쉬어야 하는데, 여의치 않아 산소마스크를 쓰고 숨 쉬는 환자를 병원에서 흔히 볼 수 있다. 범어로 병은 vyādhi라고 한다. 동사는 vyādh이다. '떨다', '떨리다' 혹은 '흔들리다', '동요하다'의 뜻이다. 즉 육신이든 숨결이든 정상의 상태를 벗어났을 때 병이라고 말하고 있다. roga는 동의어이다.

현사玄沙 스님은 둔근기鈍根機의 수행자를 세 가지의 신체장애에 비유하여 말한 적이 있다. 스님은 설봉雪峰의 법을 받았으며 휘諱는 사비師備이고, 속성은 사謝씨이다. 현사 스님은 스승의 권고에 따라 제방을 다니고자 짐을 꾸려 나섰다. 마침 고갯마루를 지나다가 돌부리에 발가락이 치이고 말았다. 순간적으로 "아야-" 하는 자신의 소리에 기연을 만나게 된다.

어느 날 현사 스님이 수행자들에게 말했다.

"요즘 이곳저곳에서 수행자들이 모두 포교다 전도다 하고 남을 돕는다고 하는데, 세 가지 병을 앓는 자가 불쑥 찾아오면 어떻게 교화시키겠느냐? 시각 장애인에겐 쇠뭉치를 쥐고 총채를 세운들 보일 리가 없고, 청각 장애인에겐 입이 아프게 말해 봤자 들릴 리 없으며, 벙어리에겐 아무리 말을 하라고 한들 말할 리 없으니 대체 어떻게 교화시키겠느냐? 그런 사람들을 교화시킬 수 없다면 불법의 영험 따위란 없지 않느냐."

한 남자衲子가 현사 스님의 말뜻을 알 수 없어 운문 스님에게 가서 그 문제를 물었다. 그러자 운문 스님이 말했다.

"네가 그걸 알고 싶다면 먼저 절을 하거라!"

남자가 그러면 가르쳐 줄 줄 알고 절을 하고 일어나니까 운문 스님이 주장자로 치려 했다. 남자는 재빨리 뒤로 물러났다.

"너 장님은 아니구나." 하고 말하면서 다시 앞으로 다가오라고 불렀다. 다가오자 다시 "너 귀머거리도 아닌 모양이구나." 하고는 이어 "어때 알겠느냐?" 하고 물었다. 남자는 "모르겠는데요." 하자 "허, 벙어리도 아닌데!"라고 운문 스님이 뇌까렸을 때 수행자는 비로소 조금은 눈앞이 트였다. 위 내용은 『유마경』「제자품」을 인용하고 있다.

우리는 흔히 눈멀고, 귀먹고, 말 못한다고 하면 혀를 차며 안쓰러워한다. 그러나 실로 눈이 멀었을 때 비로소 참된 빛깔이 보이고 귀가 멀었을 때 비로소 참된 소리가 들리는 것이다. 오히려 눈이 터져 있으므로 보이는 것에 사로잡히고 귀가 뚫려 있으므로 들리는 것에 집착하기 쉽다. 보려는 마음, 들으려는 마음, 말하려는 마음이 없는 사람은 가히 도인이라 할 만하다.

테니스 라켓 한번 잡아 본 적 없는 필자가 체육 관련 원서 가운데 테니스 부분을 번역한 적이 있다. 그 흔한 love란 단어에 막히고 말았다. 테니스에서는 영점을 말하는 줄 몰랐기 때문에 사전을 들었다. 테니스 경기를 보면 이상한 생각이 든다. 사람들은 모두 소유하려고 하면서도 이 경기에서만은 자신에게 넘어온 공을 상대 선수 쪽으로 부지런히 쳐 넘긴다. 소유하려고 하지 않는단 말이다. 그것도 서브하는 법과 백핸드, 포어핸드 사용법을 배우고 지구력과 반사 능력을 키워서 능숙하게 넘겨야 한다.

공을 소유하지 않으려는 테니스 경기와 수행의 일맥상통하는 점이 신기하기도 하다. 수행은 덜어내기의 닦음이기도 하다.

듣는 자보다 듣지 못하는 자, 보는 자보다 보지 못하는 자, 말 잘하는 자보다 말 못하는 자야말로 세 가지 병에서 완치된 탈속한 사람이다.

풍성상주 風性常住

　더위가 치성하면 못내 그리운 것이 시원한 한줄기 바람이다. 합죽선 하나쯤 들고 다니면 더위가 해결되던 시절도 있었건만 요즘은 그걸로 직성이 풀리지 않는다. 손에는 얼음이 담긴 컵을 들고 주변엔 선풍기나 에어컨이 필수인 세상이 되었다. 현대인에게 뭔가 감내堪耐한다는 것은 타인의 일이다. 어디 덥고 추운 것뿐이랴. 온갖 감정들도 한 편의 영화를 보는 것과 같다.

　영화가 상영되기 전에는 잠시 백색 화면에 어떠한 영상물도 보이지 않는다. 조금 지나야 영화가 상영된다. 사랑과 질투, 용기와 비굴, 좌절과 승리 등 다양한 내용이 마음을 감동시켜 영화에 몰입하게 한다. 만약에 관객이 영화의 내용에 사로잡혀 일상생활을 한다면 퍽이나 불편할 일이다. 그러나 영화가 끝나면 조금 전의 상황은 모두 지워지고 백색의 화면만 남는다. 내 생각이 작용하면 삼라만상이 전개되고 내 생각이 쉬면 주변 모두가 종식되고 만다. 생각은 소유권을 주장하지 않는다. 누구에게나 공평무사하다.

마조의 법을 이은 마곡보철麻谷寶徹 선사가 있다. 어느 여름날이었다. 찌는 듯 더운 날 방에서 선사가 부채질을 하며 더위를 쫓고 있었다. 거기에 한 객승이 방문하였다. 잠깐 수인사를 한 후, 그 객승은 돌연 다음과 같은 질문을 하였다.

"바람의 본질은 언제나 어디서나 변함없이 부는 것이 아닙니까?"

"암, 그렇고 말고."

"그런데 선사께서는 새삼스러이 부채를 사용하십니까?"

그래도 선사는 자세도 바꾸지 않고 계속 부채를 부쳤다. 그 모습을 본 객승은 뭔가 느낀 바가 있어 마음속 깊이 경배를 하고 그 자리를 떠났다.『오등회원五燈會元』「보철장」에 나오는 내용이다.

객승이 느낀 것은 무엇일까? 바람의 본성은 어디에도 있는 것이다. 더워 시원한 바람을 원하면 어느 곳에도 시원한 바람은 있기 마련이다. 왜냐하면 바람은 어느 곳에나 존재하기 때문이다. 그렇다고 바람을 원한다고 생각만 하면 바람이 곧바로 손에 들어오는 것은 아니다. 부채를 들고 바람을 일으켜야 한다. 어느 탐구심 강한 사람이 바람의 모습을 확연히 보기 위하여 바람을 멈추게 한다면 그때는 이미 바람은 그 속성을 상실하고 만다. 그렇다고 보이지 않고 만질 수 없다 하여 바람의 존재를 부정하고 나설 사람은 아마 없을 것이다.

풍성상주風性常住라는 공안이 가르치고자 하는 바가 있다. 사람의 마음에 본래 내재해 있는 불성佛性은 사람마다 수행하는 가운데 나타나는 것이고, 신체 가운데에도 있는 것이다. 수행 과정에 나타나는 일은 한두 가지가 아니다. 제일 떨치기 어려운 것이 번뇌가 아닐까 한다. 번뇌는 꼭 버려야 하는 것만은 아니다. 번뇌도 소중한 것이라고 본다. 마치 굴 껍질 속에 성가신 목새[19]가 아름답고 값진 진주로 변하는 것처럼 말이다.

'생사 즉 열반이요, 번뇌 즉 보리'라는 말도 모두 그 의미를 함축하고 있는 것이다. 번뇌를 소멸하고 나야만 보리를 증득할 수 있다는 것도 이분법적인 사고에서 연유한 것이다. 번뇌를 몽땅 뽑아내어 소멸시키려는 태도는 흡사 그림자를 상자 속에 담으려고 하는 것과 다를 바 없다. 벗어나려고 한 만큼 이내 따라붙는 속성을 지닌 것이 번뇌의 진면목인 것이다.

집의 경계는 울타리가 된다. 울타리는 영역의 경계이기도 하다. 경계의 울타리를 작게 치는 것이 손해인 듯 여기기 쉽다. 그러나 내실은 그렇지 않다. 지녀서 받는 고통은 무엇에 비교하기 어려울 만큼 크다. 반면에 마음의 울타리는 크게 치면 칠수록 마음의 안락은 더 없이 증폭된다. 마치 자연의 넉넉한 품만큼이나 여유로움이 생기게 마련이다. 바람이나 물에 흘러내리는 유사流砂마냥 자유롭기 그지없는 일이다.

'팽팽하게 당기다' 혹은 '잡아 늘이다'라는 뜻을 지닌 라틴어 stringere에서 유래된 스트레스란 말도 이중성을 지니고 있다. 스트레스는 팽팽하다는 의미만이 아니라 느슨하다는 뜻도 있다. 스트레스 요인에 대한 우리의 반응에 달려 있다. 인간이 그토록 희구하는 수명장수를 생각해 보자. 노후설계가 잘된 사람의 경우 수명장수는 분명 축복이 아닐 수 없다. 그러나 노후가 보장되지 않고 질병에 시달리는 장수는 자신은 물론 주변에 대단한 스트레스일 뿐이다.

바람이 상주하듯이 어느 강변에서 물수제비를 뜨고 있는 손놀림에는 분명 불성이 작용하고 있다.

일기일경 一機一境

교정에 제일 먼저 가을 소식을 알리는 전령이 있다. 운동장 축대를 타고 절지동물節肢動物마냥 오르는 담쟁이 덩굴이다. 그들은 지구 중력에 저항하며 위로 위로 올라간다. 이제 성장을 멈추고 붉게 물들어 가는 모습에서 고요를 발견하게 된다.

발견이라는 단순한 단어는 형이하학적인 목표를 충족시킬 뿐만 아니라 형이상학적인 세계까지 추구할 수 있는 힘을 내재하고 있다. 마치 어둠이 공포로만 여겨지던 사람이 안식과 평화라는 어둠의 미덕을 알았을 때의 희열 같은 것이 아닐까. 어둠을 아랑곳하지 않고 밤을 지키는 귀뚜라미는 진정 안식과 평화를 누리는 주인공일 것이다. 이따금 그들과 벗하노라면 일에 능률이 배가되고 밝음의 번잡함에 비해 더할 나위 없는 한가함을 느끼게 된다. 여기에 더 사설을 늘어놓을 필요를 느끼지 않는다. 고요는 고요와 경쟁을 벌이지 않고 아름다움 또한 아름다움과 다투지 않는다. 절대 고요와 절대 아름다움은 그들의 극치만이 있을 뿐이다. 이렇게 자연이 주는 메시지는 다종다기하다.

선어 가운데 '일기일경'이란 말이 있다. 『벽암록』 제3·11·57칙에서 찾아볼 수 있다. 일기一機란 선사가 선을 배우는 학인을 대할 때 자기의 사상을 동작으로 표현하는 것을 말한다. 소위 접득수단接得手段이라고 한다. 즉 눈썹을 치켜 올리거나 눈을 깜박인다거나, 돌아보거나 살펴보거나, 피식 웃거나 꽥 소리 지르거나 하는 것이다.

경허 선사의 제자 혜월(慧月, 1862~1937) 스님이 팔공산 파계사把溪寺에 머무르고 있을 때 일이다. 하루는 객승이 찾아왔다.

"그대는 뭣 하러 왔는가."

그러자 객승이 대답했다.

"참선하려고 찾아왔습니다. 그리고 큰스님의 시절인연을 보려고 왔습니다."

객승의 대답에 혜월 스님이 대뜸 물었다.

"참선해서 무엇 하려고."

"그야 부처가 되려고 그러지요."

"참선은 앉아서 하는 건가, 서서 하는 건가."

"물론 앉아서 하지요."

그러자 혜월 스님은 깔깔 웃으면서 말했다.

"그 놈의 부처는 다리병신인 모양이지. 앉아서만 있으니."

어리둥절해진 객승은 혜월 스님에게 물었다.

"좌선은 앉아서 하는 것이 아닙니까?"

"그것은 앉아만 있는 것이지 부처 되는 작업은 아닐세."

『유마경』「제자품」에서 '몸과 마음이 움직이지 않는 것을 좌선이라 한다'고 강조하고 있다.

『전등록』제14권에 조주대전趙州大顚 선사가 나온다. 선사에게 석두 스님이 질문을 던진다.

"어느 것이 그대의 마음인가."

"이야기하는 것이 그입니다."

대전 선사는 여기서 석두 스님에게 할喝을 당하고, 자리에서 쫓겨났다. 십여 일을 지나 대전 선사가 다시 물었다.

"먼저의 대답이 틀렸다면 그 밖에 어떤 것이 마음입니까?"

석두 스님이 대답했다.

"눈썹을 번득이거나 눈을 깜박이는 일(揚眉瞬目)을 제하고서 마음을 가져오너라."

"가져올 마음이 없습니다."

"원래 마음이 있는데 어째서 없다 하는가. 마음이 없다고 하면 모두가 비방하는 말이 된다."

대전 선사가 이 말에 크게 깨달았다.

일경一境은 선사가 자기의 사상을 외계의 사물을 빌려 표현하는 것을 말한다. 곧 꽃을 들어 보이거나, 동그라미를 그리거나, 달을 가리키거나, 지팡이를 세우거나, 물을 가리키거나, 소리를 듣거나 하는 행위이다.

『오등회원』 권9에 향엄지한香嚴智閑 선사가 나온다. 지한은 위산영우의 제자로서 스승의 가르침을 받고도 오랫동안 깨칠 수가 없었다. 어느 날 스승은 나지막한 소리로 향엄의 마음에 불을 지폈다.

"향엄아, 부모로부터 향엄이라는 이름을 받기 이전의 네 모습은 무엇이냐?"

이 엄청난 질문에 앞뒤가 꽉 막힌 제자 향엄은 평소에 공부하던 책을 모두 불살라 버렸다.

'이 생에 불교를 공부하여 깨치는 것은 이제 그만두고 대중 시봉이나 하며 후원에서 편히 지내야겠다'고 다짐하고 위산의 곁을 떠났다. 그 후 여기저기를 돌아다니다가 남양혜충 국사의 유적지에 머무르게 되었다. 어느 날 운력을 하다가 돌멩이를 울 너머로 집어던졌는데 그것이 대나무에 부딪치는 소리가 기연이 되어 크게 깨치게 된다.

물의 속성은 부드러움이다. 그러나 형태는 고정되어 있지 않다. 어느 그릇에 담느냐에 따라 그 모양이 각양각색으로 나타나듯이 광대무변한 마음은 어떤 기機와 경境을 만나느냐에 따라 불가사의 한 힘이 솟는다.

한고추

　불현듯 옛일이 생각났다. 좌선할 때 수인手印의 문제다. 좌선 시에 오른손바닥 위에 왼손을 놓는다고 하였다. 그렇다면 그 반대로 왼손은 아래에 오른손은 위에 놓으면 안 되느냐고 한 노스님에게 물은 적이 있다. 자상한 내용은 기대할 수 없었고 그냥 오른손 위에 왼손을 놓는다고 하니 궁금증만 더할 뿐이었다.

　세월이 흘렀다. 그리고 그 해답은 연구를 거듭하는 동안 스스로 알게 되었다. 이 문제의 해결 방안은 우선 인도와 중국의 문화 차이를 알아야 한다. 인도인들은 오른손은 깨끗하다고 믿고 왼손은 불결하다고 생각한다. 왜냐하면 오른손은 밥을 먹는 수저 역할을 하기 때문이다. 그런가 하면 왼손은 화장실에서 뒤처리를 하는 데 쓴다. 오른손가락 다섯 개로는 접시에 놓인 밥을 카레와 섞어 주물러 반죽을 한다. 그리고 나서 엄지 검지 중지를 사용하여 한 입에 넣기 좋게 만들어 입에 넣는다. 그러니 정하게 다루어야 한다.

연전에 인도 교수댁에 초청을 받은 적이 있다. 그들의 전통 식사법이라면 어쩌나 적이 걱정했던 일이 있다. 그건 기우에 그쳤고 식탁에는 포크와 나이프가 정연히 놓여 있었다.

왼손의 역할이 불결하다고 생각하는 사람이 많을 수도 있다. 그러나 꼭 그렇게만 생각할 일이 아니고 역발상을 해보면 참 현명한 일이라고 찬사를 보낼 일이다. 현대인은 문명의 이기를 한껏 누리고 있지만 그만큼 환경오염에 신음하고 있다. 화장지를 만들기 위해 얼마나 많은 밀림의 숲이 사라지고 있는가. 개발이라는 미명 아래 자연의 질서는 무참히 파괴되어 재앙을 낳고 있다. 이상 기후변화는 우리가 겪고 있는 현실이다. 중국의 한 부호는 환경파괴의 주범이 자동차라고 하여 3억 원이 넘는 벤츠를 굴착기로 부수기도 하였다.

중국의 경우는 모든 것을 음양오행설에 입각하여 이해한다. 무지개 하나만을 보아도 그렇다. 무지개 홍虹, 무지개 예蜺 자를 써서 표현하고 있다. 홍은 무지개의 짙은 색이고, 예는 무지개의 옅은 색을 말한다. 짙은 색은 양이고 옅은 색은 음을 표현한 것이다. 불국사나 낙산사를 참배한 신도라면 홍예문을 보았을 것이다. 왼쪽은 남성을 상징하는 양이고, 오른쪽은 여성을 상징하는 음이다. 관직에 있어서도 우의정보다 좌의정이 서열이 앞선다. 이렇게 이해하고 나면 자연히 중국에서의 수인이 왼손을 위에 오른손을 아래에 놓는 것이 이해가 간다. 남방불교에서는 오른손을 위에 놓고 북방불교에서는 왼손을 위에 놓으니 이 또한 각국의 문화 차이에서 온 것이다.

우리가 경계해야 하는 일 가운데 하나는 내가 상대와 다르다는 것을 이해하지 못한다는 것이다. 이는 비단 개인과 개인에 국한하지 않고 집단과 집단, 국가와 국가 간에도 같은 등식이 성립된다. 이쪽 견해로 저쪽의 풍습과 가치 기준을 재려고 하면 세상은 온통 불협화음만이 있을 뿐이다.

『명각선사어록明覺禪師語錄』 가운데 한고추閑古錐가 나온다.

한고추는 노고추老古錐라고도 한다. 끝이 닳아서 뭉툭해진 송곳으로 경험이 많은 고참납자를 이르기도 하고 누구한테나 위압감이나 권위를 내세우지 않고 부드럽게 자비를 보여주는 노파심절한 명안종사明眼宗師를 일컫는 말이다.

괴겁의 대화大火는 일찍이 밝았건만	劫火曾洞然
허수아비는 먼저 눈물 떨군다네	木人淚先落
참으로 가련하구나 저 부대사여	可憐傅大師
곳곳에 머무를 누각조차 없구나	處處失樓閣

옛적 한고추라 불린 덕운비구는	德雲閑古錐
몇 차례나 묘봉정을 내려갔던가	幾下妙峰頂
그를 치성이라고 부르는 까닭은	喚他癡聖人

눈으로 우물 메우기 때문이라네　　擔雪共塡井

　　한고추-고뇌에 찬 마음이 편안하게 닻을 내릴 수 있는 안식처를 제공해 줄 수 있는-가 되고 싶다. 한 발짝 내딛기 힘든 육신을 위해 에너지를 듬뿍 주는 한고추가 되고 싶다. 왜냐하면 세상에는 지친 영혼도 많고 가누기 힘든 육신의 장애인도 많기 때문이다. 지체가 높을수록 위압감에 눌려 다가가기 어려운 사람도 많다. 많은 수행을 했다 하여도 격식을 따지기 좋아하고 낮은 곳에 손을 내밀 여유를 갖지 못하는 경우도 허다하다. 종교는 구원을 떠나서는 존재 의미가 희미해진다.

　　사람이 마시는 물도 물고기에게는 서식지가 되고 영가에게는 감로수가 된다. 물이 대상에 따라 각양각색으로 몸을 나툰다. 한 모습만 고집한다면 이미 물의 속성을 스스로 잃고 말 것이다. 석존은 14무기無記에서 외도의 질문을 받는다. "세상은 영원한가, 아니면 무상한가." 이에 영원하다고도 무상하다고도 답하지 않았다. 이 또한 명안종사의 노파심절한 표본이 아닐까. 세상에는 트레바리[20]만 있는 것 같아도 어딘가에서 한고추는 자비의 미소로 우리를 맞을 것이다.

의미가 있어야 한다

어느 날 아스팔트 위에서 황금물고기 떼를 만났다. 그것도 질서정연한 물고기 떼였다. 혈통만을 고집하는 어느 종족의 추장마냥 순종純種 일색이다. 바람이 늦가을에 청소를 하고 있는 풍광이었다. 청소라면 젖은 걸레가 제격일 터인데 그렇지도 않고, 도심 고샅[21]에 있는 노란 은행잎을 몰고 가는 것이다. 마치 이른 봄날 어미닭을 따라 종종걸음으로 노란 병아리들이 떼지어 가는 듯했다. 불현듯 물속에만 물고기가 사는 게 아니라는 생각이 든다. 삭막한 도심을 엄청난 물고기 떼가 유희하듯 밀려가고 있는 노란 은행잎들이 햇살에 좌르르 윤기가 흐른다. 저 노란 잎은 종국에 가을 정취를 머금고 퀴퀴한 냄새를 풍기며 어느 공터에서 연소되는 것일까. 아니라면 자루나 봉지에 담겨 미화원의 어깨에서 쿠렁쿠렁거리며[22] 퇴적장에 쌓여 발효되는 것일까.

차창 밖 모습에서 여러 상념이 주마등처럼 지나갔다. 무엇인가에 의미 부여를 한다는 것은 이렇게 풍성한 사색의 뜨락을 거니는 것과 흡사하다.

송나라 철종 때 갈연지葛延之란 사람이 있었다. 그는 불현듯 심경의 변화를 일으켜 그동안 살던 마을을 떠났다. 불원천리 찾아간 곳은 황량하기 그지없는 담이儋耳라는 시골이었다. 당대의 문장가인 소동파가 그곳에 귀양 가 있다는 소식을 들었기 때문이다. 갈연지는 소동파의 가르침을 받고 싶어서 그 외진 곳까지 찾아갔던 것이다. 그는 보고 싶은 소동파와 한 달간이나 함께 지내는 기회를 잡아 그의 가르침을 받았다.

평소 마음을 짓누르고 있던 큰 짐이 있어 고심 끝에 "문장을 잘 짓는 비결이 없겠습니까?"라고 말문을 열었다.

그러자 소동파는 질문은 아랑곳하지 않고 한가롭게 대문 밖의 오가는 사람들을 가리키며 천천히 대답했다.

"담주란 작은 고장이외다. 백여 세대가 사는 작은 고을이라고 해도 있을 건 다 있소이다. 재래시장에 나가면 무엇이든 다 살 수 있지요. 그러나 그걸 가져오는 게 아니외다. 꼭 한 가지가 있어야 필요한 물건을 가져올 수 있지요. 그것이 무엇이겠소? 바로 돈이외다."

갈연지는 소동파의 엉뚱한 대답을 듣고 망연자실하였다.

그러자 소동파가 다시 말을 이었다.

"문장을 짓는 것도 따지고 보면 물건을 사는 거나 같은 것이 아니겠소? 문장을 짓는 데는 꼭 의미가 있어야 하는 것이외다. 마치 물건을 살 때 꼭 돈이 있어야 하는 것과 같은 이치지요. 문장을 짓는 재료나 지식들이 사서오경, 제자백가와 소설 및 역사책에 다 나와 있어요. 그렇다고 그걸 맘대로 가져다 쓰는 것이 아니외다. 꼭 한 가지가 있어야 그것들을 가져다 유용하게 사용할 수 있습니다. 그것이 바로 의미라는 것입니다. 돈이 없으면 물건을 살 수 없듯이 의미가 없으면 모든 지식과 전고典故들이 다 무용지물이 되는 것이지요. 이것이 바로 문장을 짓는 비결이외다."

"고견이옵니다. 참으로 고견이옵니다."

갈연지는 마치 꿈속에서 깨어난 듯 깨달음을 얻었다. 평소 마음에 지니고 있던 큰 짐을 일순간에 부려 놓을 수 있었던 것이다. 그는 소동파 앞에 덥석 엎드려 절을 올렸다.

승객이 종착역에 도착하면 안내방송이 나온다. 그 내용은 한결같다. "잊으신 물건 없이 안녕히 가십시오." 이 방송이 나오면 승객들은 주변을 두리번거리며 물건을 챙기기도 하고 선반이나 주머니를 확인하기도 한다. 우리가 정작 확인할 것이 있는데도 무심으로 지나치기 일쑤다.

마음을 순간순간 클릭해야 한다. 마음을 챙기면 시간과 공간을 초월하여 찰나에 전달이 된다. 발신과 수신이 내 마음이다. 모든 물건은 발신자가 있으면 수신자가 있게 마련이다. 그런데 마음은 그렇지 않다. 마음 작용의 오묘함이라고 해야 할 것 같다. 휴면계좌가 그 효용이 없듯이 잠자고 있는 마음은 고목의 가지와 같아서 신축성이 떨어진다.

동물의 세계에서 느끼는 바 크다. 동물은 후각을 통해 종족번식을 위한 대상을 찾는다. 미묘한 냄새를 통해 상대를 파악한다. 번식기가 오면 암컷은 어떤 냄새를 발산하므로, 수컷은 냄새를 통해 암컷의 발정을 알아차린다. 발정의 냄새를 맡지 못하면 수컷은 암컷에게서 달아나고 만다. 육근六根이 청정해야 하는 이유가 동물의 세계에 절박한 일이다. 후각이 고장난다거나, 아차 하는 순간에 이성의 냄새를 놓치게 되면 그 종의 번식이란 꿈꿀 수 없는 일이 되고 말 것이다. 부지불식간에 종말을 맞이할 뿐이다.

인간은 후각기능이 자연 상태로 남아 있지 않다. 만물의 영장이라는 인간은 왜 후각기능이 퇴화되었을까. 문화적인 사회를 만들기 위한 후각기능의 파괴에 기인한다. 만약 인간이 동물과 같이 후각에 의지해 종족번식을 한다면 오늘날같이 고도한 문화를 이룩할 수 없었을 것이다. 장소나 시간을 가리지 않고 그저 번식을 위한 행위만 자행될 뿐이다. 인간에게 있어 후각기능 파괴는 당연한 일이다. 문명사회일수록 몸의 체취를 제거하기 위해 많은 시간을 할애하였다. 열대지방일수록 향수를 진하게 뿌리는 것도 나름의 이유가 있다. 인간의 체취를 감추고자 하는 위장이요 가장에서 나온 행위이다.

우리말에도 '냄새나다'라는 말이 있는데 이 또한 후각을 억압하는 것이다. 사물에 의미를 부여하면 기적이 일어난다. 그 기적은 신기루같이 순간적으로 나타났다 사라지는 것이 아니고 불후의 명작이나 걸작이 되어 문명사를 바꿔 놓기도 한다. 인류문명이 발전할 수 있었던 원천도 후각을 통제하였기 때문이다. 통제는 불편함이나 고역이 아니다. 질서를 유지하는 밑거름인 것이다. 퇴화가 잃어버린 것이라고 단정 지을 수 없는 것은 진화를 위한 초석이 되기도 하기 때문이다.

피안의 향기

　어느 면에서 사람은 어리석다. 그 어리석은 짓이라고 치부하는 기준은 무엇일까. 타인을 따르고 모방하고 맹종하는 것이 아닐까. 타인의 눈으로 보고 타인의 지식을 맹종하는 것이다. 그래서 이러한 부류는 어리석은 사람이다. 배운 사람일수록 지식을 되풀이하는 앵무새가 되고 녹음기가 된다. 녹음기는 아주 능숙하게 되풀이하지만 대뜸 책에 없는 새로운 상황이 생기면 어찌할 바를 모른다. 배운 사람에게는 지성이 결여되어 있기 때문이다. 지성이란 순간순간 변하는 삶에 대처하는 능력이지 프로그램에 따라 기계적으로 반응하는 것이 아니다.

　중국 선종사를 일별하다 보면 스승 영우 선사가 제자 향엄과의 대화에서 지식의 한계를 일깨워 주고 있다. 어느 날 경전만 읽고 있던 향엄이 걱정되어 조용히 제자의 방문을 두드렸다. 여일하게 글을 읽고 있던 향엄은 경전의 내용이라면 뭘 모르는 게 있을까 자신만만하여 스승의 질문을 기다리고 있었다. 이때 스승은 "향엄아, 부모로부터 향엄이라는 이름을 받기 이전의 네 모습은 무엇이냐(父母未生前 本來面目)"라는 질문을 던졌다. 스승의 질문에 앞뒤가 꽉 막힌 제자는 마침내 평소에 공부하던 책을 모두 불살라 버리면서 '이 생에 불교를 공부하여 깨치는 것은 이제 그만두고 후원에서 대중 시봉이나 하며 지내야겠다'고 다짐하고 스승 곁을 떠났다. 물론 그는 후일 돌멩이가 대나무에 부딪치는 소리가 기연이 되어 크게 깨칠 수 있었다.

정년을 맞아 『최현각 선학전집』을 세상에 선보이게 되었다. 그 전집 11권에는 연보가 들어 있다. 그 속에 정각원 소임을 볼 때 촌음을 아껴가며 그린 그림으로 '소묘 I'이란 작품이 있다. 작품 속에는 안개꽃과 장미 한 송이가 꽂혀 있다. 오랜만에 보는 그림이라 눈길이 오래 머무르기도 했지만 다른 연유가 있다. 우리는 장미꽃을 볼 때도 장미꽃을 보지 못하는 것이 아닐까 하는 상념이 스쳐갔기 때문이다. 책에서 읽은 장미, 시인들이 노래한 장미, 화가가 그린 장미 등을 본다. 우리는 이미 수많은 지식과 정보와 기억이 눈을 가리고 말았다. 단순한 장미꽃조차도 있는 그대로 보지 못하는 것은 기억과 정보의 홍수로 인해 사라지고 말았기 때문이다. 그래서 누구나 머릿속에 기억된 말을 되풀이한다. "장미꽃은 아름답다." 이 말은 가슴에서 나오는 진실한 말이 아니다. 누군가로부터 주워들은 말을 녹음기처럼 재생하고 있는 것이다.

배우겠다는 것은 겸손하겠다는 뜻이다. 그 행위에는 향기가 있다. 예사로운 향기가 아니라 피안의 향기다. 배움을 위해서는 언제든지 에고를 내려놓겠다는 뜻이 담겨 있기 때문이다.

창공을 나는 새는 여전히 노래를 부르지만 인간은 노래를 잊어버렸다. 구름이 하늘을 떠다니고 공작이 춤을 추지만 인간은 춤을 알지 못한다. 나무는 꽃을 피우고 열매를 맺지만 인간은 생각할 뿐, 나무의 성능을 높이고 대량생산하는 불구자가 된 것이다.

그러나 피안의 향기에 취할 수 있는 묘약이 있다. "금으로 만든 부처님은 용광로를 통과할 수 없고, 나무로 만든 부처님은 불을 통과할 수 없으며, 흙으로 빚은 부처님은 물을 건너지 못하지만, 참부처(眞佛)는 속에 앉아 계신다."고 『전등록』 제28권에서 조주 선사는 밝히고 있다. 이어서 "보리·열반·진여·불성은 모두가 몸에 걸친 의복이며 번뇌라고도 하니 남에게 묻지 않으면 번뇌가 없다. 한 생각이 나지 않으면 만법이 허물이 없으니 그대는 오직 이치를 궁구하기 위해 앉아 보라."고 강조하고 있다.

우리는 가장 가까이에 있는 것을 보지 못하는 어리석은 중생이다. 눈은 사물을 보는 기능을 하는데 눈에서 가장 가까운 곳에 있는 속눈썹을 보았다는 사람은 없다. 가까운 것은 쉽게 잊기도 하고 보지 못하고 지나치는 경우가 허다하다. 눈에 보이는 금불金佛·목불木佛·니불泥佛은 잘 보인다. 그러나 가장 가까운 내면 세계에 있는 진불은 보기가 어려워 망각하고 산다. 이따금 '나는 누구인가?'라는 질문을 스스로에게 던져 보기도 하지만 신통한 답을 얻지 못하고 이내 일상으로 돌아가고 만다.

  화장품의 향기는 유한하기에 일정 시간 동안만 그 기능을 한다. 아무리 좋은 세계적인 향수라 해도 별반 다를 바 없다. 그러나 겨우내 얼었던 가지에 움트고 있는 여린 새싹의 내음은 피안의 향기다. 동토를 밀어내고 대지에 푸르름을 안겨 주는 피안의 향기다. 그 고매한 향기를 대지에서만 느낄 수 있는 일이 아니다. 각자의 마음속에는 영원히 시들지 않는 진불의 향기가 넘치고 있음을 알아야 한다. 바로 그 그리운 피안의 향기는 가장 가까이에 있다.

복수불반분 覆水不返盆

군자가 항상 명심해야 할 아홉 가지(九思)가 있다. 그 가운데 하나가 색사온色思溫이다. 색사온은 사람을 대할 때 나의 안색이 온화했는가를 반성해 봐야 한다는 가르침이다. 다수의 사람들은 자기 기분에 따라 감정을 표출할 뿐 상대에 대한 배려는 아랑곳하지 않는 경우가 허다하다. 잠깐 그러한 행위를 정지해 보면 상대와는 무관한 일인데도 감정을 억제하지 못하고 마음을 상하게 하는 일이 생기고 만다.

사리事理의 옳고 그름이나 이러고 저러함의 분간을 말할 때 경위涇渭[23]라는 말을 쓴다. 이 경위는 위수와 경수를 지칭한 말이다. 경수涇水의 물은 흐리고 위수渭水의 물은 맑아서 맑고 탁함의 구별이 분명하다는 데서 나온 말이다. 저 유명한 강태공姜太公이 곧은 낚시질로 세월을 낚은 무대가 위수였다. 그는 후일 주周나라 문왕에게

발탁되어 제나라를 세우게 된다.

입신하지 못한 남편을 타박하다 끝내 친정으로 달아난 아내는 남편이 출세했다는 소식을 듣고 달려와 재결합하자고 간청했다. 그러자 강태공은 낮은 목소리로 동이에 물을 길어오라고 한다. 부인은 시키는 대로 할밖에 도리가 없었다. 동이에 가득 물을 길어오니 이제 그 물을 마당에 부어 보라고 하였다. 시키는 대로 하니 남편은 이제 엎질러진 물을 담아 보라고 하는 것이 아닌가. 물론 불가능한 일이었다.

그때 강태공은 유명한 말을 남겼다. '복수불반분覆水不返盆'. 즉 엎질러진 물은 다시 동이에 담을 수 없지 않느냐는 것이다.

범어로 인간을 마누샤manushya라고도 하고 둘라밤이라고도 한다. 동사 Bhri에서 연원을 찾을 수 있다. '고통을 참다', '포함하다'라는 뜻이다. 여기서 둘라밤은 '얻기 힘든 기회'라는 뜻이다. 인간으로 태어난다는 것이 얼마나 어려운가를 단적으로 표현한 말이다. 한 생명체가 인간으로 환생하려면 8400만 번의 윤회를 거듭해야 한다고 한다. 그러기에 인생난득人生難得이라고 표현했나 보다. 인간 몸 받기가 얼마나 어려운지 숫자로 살펴보았다. 이 소중한 몸으로 좋은 생각을 하면 천상행이 되고 궂은 생각을 하면 나락행을 하게 되는 의업意業의 행위야말로 섣불리 이러쿵저러쿵 생각의 실타래를 늘어놓을 일이 아니다.

마음으로 짓는 행위는 형체가 없으므로 고삐 풀린 망아지마냥 동서남북으로 분주히 날뛰기 일쑤다. 그러다 보면 어렵게 얻은 사람 몸도 지탱하기가 쉽지 않아진다. 마음을 심지心地라고도 한다. 마음이 선악을 만들어 내는 것은 대지가 오곡을 생육하는 것과 같다는 점에서 하는 말이다. 선종에서는 달마 대사로부터 전해진 마음을 심지라 하며, 혹은 심성心性이라고도 한다.

능화자能化者와 소화자所化者라는 말이 있다. 타인을 교화하는 사람을 능화자라고 하며 교화 받는 사람이란 뜻으로 제자를 소화자라고 한다. 누구나 능화자가 되기를 꿈꾸고 있지만 교화 받는 시절을 뛰어넘어 일순간에 능화자가 되는 것은 불가능한 일이다. 필연적으로 소화자는 능화자의 검증을 거쳤을 때만이 미숙의 베일에서 벗어날 수 있다. 그 베일을 벗어던지는 일은 순간이다. 눈썹을 치켜뜨거나 눈동자를 굴려 보이는 지극히 일상적인 일 속에서 이루어진다.

목수는 열심히 대패질을 하고 혹시 목재가 원하는 만큼 곱게 다듬어졌는지 확인을 한다. 작은 너스래미[24]가 발견되면 곧 그곳에 대패가 오고 간다. 등산객들도 평지만 만나는 것이 아니고 산행을 하다 보면 너설[25]을 만나기 일쑤다. 너설은 험한 바위나 돌 따위가 삐죽삐죽 내밀어 있는 곳이다. 삶도 일정한 여정이다. 그 여정 속에는 산행길에서와 같이 너설을 만나게 되기도 한다. 여기서 너설이 시련이라고 힘들어 해서는 안 된다. 너설을 지나면 사람이 성숙하게 되고 너설을 극복하면 인욕의 묘미도 터득하게 된다.

선 수행에서 이러한 과정을 통과하지 않고는 가히 선지식이라 칭할 수 없다. 형상 없는 마음공부에서도 검증의 과정이 필수적이기 때문이다. 그림자 없는 형상을 밝혀내고 원근遠近을 초월하며 침묵 속에서 언어를 구사할 줄 아는 수행자야말로 실로 인천의 사표가 되는 것이다.

우리 마음에 둥근 두리반[26]이 있으면 좋겠다. 둥근 소반은 어떻게 놓아도 둥글기만 하다. 그러다 보니 차별을 짓지 않고 고하를 만들지도 않으니 상대와 다툴 리 만무하다.

우주는 크나큰 두리반이다. 우주가 선악미추, 고저장단을 자연스럽게 수용하는 힘은 두리반의 속성을 지녔기 때문일 것이다.

하늘 마음

봄이 오니 마음이 달뜬다. 그러나 금년 봄에는 유심히 나뭇가지를 살피고자 한다. 실은 해마다 다짐한 일이기도 하지만 그러기가 만만치 않은 일이다. 뭐가 그리 쉽지 않다는 말인가. 움트는 가지에서 속도를 재 보는 일이다. 나뭇가지가 무슨 트릭을 쓰는 것도 아니련만 인간의 우매한 생각과 눈으로는 콕 집어낼 수 없고 자연의 오묘함으로 이해해야 할 듯하다.

저 벌거벗은 나무도 제철을 만난 것이로구나. 어느 양지에 자리한 라일락의 움트는 모습을 살피고 있노라니 나무에게도 산고가 있다는 것을 알게 되었다. 배주룩하게 나온 새순에 물이 고여 있기에 만져 보았으나 단순한 물이 아니다. 새싹을 틔우는 데 진통이 심해 눈물을 흘린 것이다. 눈물이다. 나무는 온 힘을 다하여 봄맞이를 한 것이다. 우리가 나무의 산고를 헤아려 본 적이 있었는가 반문해 본다. 그저 그렇게 봄이 오고 꽃이 피고 잎이 무성해지고 숲을 이룬다고 무심히 지나치며 살고 있지는 않은가.

마음이라고 하면 불교에서만큼 마음을 열거하는 경우도 흔치 않을 듯하다. 그 다양한 마음을 열거하자면 장황할 것 같아 함축하고자 한다. 하늘 마음이다. 하늘 마음은 하늘처럼 맑고 밝고 드넓고 고요한 마음이다. 하늘 마음에는 티끌이 앉을 수 없다. 너무 맑기 때문이다. 그 마음에는 성냥불이나 랜턴도 필요하지 않다. 너무 밝아서이다. 그 마음에는 칸막이가 없다. 넓고 넓기 때문이다. 그 마음에는 파도가 일지 않는다. 고요가 깃들어 있기 때문이다.

며칠 전 일이다. 그는 30년 안거를 했다고 한다. 그런데 그의 말과 행동은 고요를 잃고 있었다. 주변의 만류에도 몰라라 하고 더욱 너울이 일고 있었다. 본디 그는 심성이 대추방망이[27]는 아닌 듯하다. 안거와 고요한 마음과는 비례하지 않음을 확연히 알 수 있는 자리였다. 그의 셈법에 따르면 붓다는 12안거를 했을 뿐이다. 그러나 그 안거를 마치고 하화중생의 길에 나섰다. 붓다보다 세 배쯤 닦았으니 그 경지는 가히 수승하여 헤아리기 어려울 것만 같다. 형상 없는 공부를 하면서 왜 안거증에 집착하는지 모를 일이다. 마음의 고요와 시간과는 비례하지 않는다는 사실을 빨리 깨달아야 하지 않을까 한다. 이 문제는 비단 한 개인에게만 국한된 문제가 아니다. 모든 수행자가 면밀히 반조해 보아야 하는 큰 짐이기도 하다.

기대를 하지 말아야 한다. 기대는 인간이 겪는 불행의 원천이다. 자식에 대한 기대가 제일 클 듯하다. 세상 부모들은 자기 자식이 세상에 둘도 없는 귀염둥이라고 생각한다. 가정에서는 그것이 분명한 사실이지만 세상의 자녀들 사이에 놓이면 부족함이 드러나고 우열이 가려지기 마련이다. 열등하다고 느끼면 기대에 미치지 못하여 마음이 상하게 되고 결국에는 불행의 원천이 된다. 기대치를 낮추었더라면 훨씬 편안한 마음을 누렸을 것이건만 말이다. 제자의 경우도 별반 다를 것이 없는 일이다. 이웃간에도 앞의 사례와 진배없다. 그러고 보면 기대보다 중요한 일이 오늘이 아닐까 한다. 오늘을 열심히 살다 보면 기대치는 쉽게 도달할 수 있을 것이다. 두 손 놓고 있는 사람에게는 기대라는 말 자체가 어색한 낱말이 되고 말 것이다.

손을 펴고 있노라면 생각생각이 꼬리를 문다. 다섯 손가락은 모양도 다르고 길이도 다르다는 사실을 발견하게 된다. 발견이라고 하니 쑥스럽기까지 하다. 어쨌든 서로 다른 손가락에서 조화를 배우게 된다. 엄지손가락이 새끼손가락보고 빈약하다고 조소를 보내진 않는다. 역으로 새끼손가락이 엄지손가락에게 비대하다고 손가락질 하지도 않는다. 가운뎃손가락 또한 나머지 손가락에 왜 그리 자라다 말았느냐고 으스대지 않는다. 그러한 다섯 손가락이 조화를 이루어 각각의 역할을 충실히 행하므로 완벽한 손이 되는 것이다. 손은 하늘 마음의 속성을 지니고 있는 듯하다.

자연의 순환은 더욱 그렇다. 누구도 무엇도 원망하지 않는다. 그저 그렇게 그 자리에 있다. 외형이야 변하지만 속성이야 변할 리 만무하다. 만약 외형의 변화가 따르지 않는 자연이 세상에 존재한다면 이 세상은 퍽이나 단조롭고 사막과 같을 것이다.

　책상물림[28]에 머물지 않아야겠다. 움트는 속도를 재는 일이 있기 때문이다. 재기 위하여 마름자[29]를 살며시 내밀 일도 아니고 미레자[30]를 들고 갈 일도 아니다. 그렇다고 꺽짓손[31]은 더욱 아니다. 다만 얼음이나 옥같이 맑고 깨끗한 마음인 빙심옥호氷心玉壺[32]로만이 길이를 잴 수 있는 일이다. 어김없이 어제 그 자리에는 그 나무의 영혼이 반가이 맞아줄 터이니.

자기성찰

제주도를 일명 삼다도三多島라고도 한다. 돌과 바람 그리고 해녀가 많다 하여 붙여진 이름이다. 도서島嶼란 크고 작은 섬을 이르는 말이다. 도는 큰 섬 도이고, 서는 작은 섬을 일컫는 말이기 때문이다. 바람이 많은 제주의 사람들은 바람의 재해에서 벗어나는 길을 모색하였다. 그 하나가 강담33을 쌓는 일이었다. 흙을 쓰지 않고 돌로만 담을 쌓는 것이다. 그렇게 담을 쌓는다는 것은 얼핏 생각하면 무모하기 그지없는 일이다. 강담은 견고성에서 부실하기 그지없다고도 생각했다. 구멍이 송송 뚫린 현무암으로 큼지막한 구멍이 난 담을 쌓기 때문이다.

누대의 선조들은 견고하게 쌓겠다고 흙을 넣어 다지며 구멍이 나지 않게 쌓았겠으나 생각과는 달리 정성이 빗나가기 마련이었다. 무너지고 또 무너지기를 거듭한 나머지 터득한 지혜가 바람이

내 사유의 속살들

지나갈 통로를 마련해 두는 작업이었다. 그렇게 함으로써 마침내 담장이 무너지는 애석함을 극복할 수 있게 되었다.

어느 수행자의 경우도 아마 그랬을 것이다. 반복 또 반복하여 시행착오를 거듭한 나머지 저 위없는 깨달음에 도달한 것이다. 이는 부단한 성찰의 결과이다. 성찰省察은 범어로 nirīkshaṇa라고 한다. 동사는 nirīksh이다. '보다', '응시하다', '지각하다'라는 말이다. 주변을 눈여겨보면 자신을 반조해 보지 못하고 남의 장단에 놀아나는 사람이 허다하다.

월越나라의 미녀 서시西施가 음식을 잘못 먹어 위경련이 일어났다. 그 통증이란 가히 견디기 어려울 지경이었다. 서시는 참다못해 눈살을 찌푸리게 되었다. 그때 어떤 추녀가 미인은 찌푸리는 것이라고 여겨 자기도 찌푸리기를 일삼았다는 것이다. 이러한 연유로 함부로 남의 흉내를 내는 것을 이를 때 쓰는 말인 효빈效顰[34]이란 고사가 나왔다. 주체의식이 없는 사람의 삶의 단면을 지적하고 있다.

『회남자』「인간훈편」에 다음과 같은 이야기가 있다.

제나라 장공莊公이 사냥을 나갔을 때의 일이다. 벌레 한 마리가 장공이 타고 가는 수레바퀴를 들이치려고 하였다. 공은 수레를 모는 마부에게 물었다.

"저게 무슨 벌레인가?"

"저 놈이 이른바 사마귀란 놈입니다. 저 놈은 원래 앞으로 나아갈 줄만 알고 뒤로 물러날 줄은 모르며, 제 힘도 헤아리지 않고 상대를 업신여기는 놈입니다."

"그래, 그 놈이 만일 사람이라면 반드시 천하의 용사가 될 것이다." 하며 공은 수레를 돌려 사마귀를 피해 갔다는 것이다. 우리는 이 고사를 당랑거철螳螂拒轍이라고 알고 있다. 사마귀에게서 배울 점이 있다. 타고난 성질은 고치기 어렵다는 것을 배울 수 있다. 그리고 빤히 안 될 줄 알면서 인간의 의기를 앞세우는 어리석음을 어쩌지 못하는 것이 인간이 아니던가 하는 점이다.

사향麝香노루는 몸 길이가 1m이고 어깨 높이는 50cm가량이 된다. 뿔이 없는 동물로 서식지는 숲속이다. 궁노루라고도 하고 사록麝鹿이라고도 한다. 이 짐승의 수컷의 배꼽 근처에는 향낭이 있다. 향낭에서 매혹적인 향이 나는데, 정작 노루는 냄새의 근원이 어딘지를 몰라 온 산을 헤매고 다닌다고 한다. 인간도 사향노루와 유사한 일면을 볼 수 있다. 채워도 채워지지 않는 만족을 얻기 위해 끊임없이 갈증을 느끼고 있는 것이다. 생각을 쉬고 조용히 자기성찰을 하게 되면 그 만족의 근원은 실은 우리 안에 있다는 것을 깨닫게 된다.

도심 속에 잘 가꾸어진 저택의 정원을 보게 된다. 몇 평 남짓한 잔디밭, 그리고 그 가장자리에 심어 놓은 정성이 묻어나는 소나무 몇 그루로 단장이 되어 있는 것이 정형화된 도심의 정원이다. 반면에 저택은 아니지만, 아니, 궁색해 보이는 주거 공간에 살면서도 광대한 숲과 계곡을 정원 삼아 살고 있는 사람의 모습도 본다.

이 두 모습에서 행복이란 얼마나 소유했느냐가 아니라는 것을 분명하게 보게 된다. 행복은 소유와 비례하지 않는다. 행복의 기준은 소유의 많고 적고가 될 수 없다는 것을 인식하게 되었을 때 마음의 평온은 장마 끝에 나들이 나온 달팽이의 촉수마냥 민감하게 느낄 수 있다.

여백이나 공간이란 얼핏 생각하면 손실 부분이라고 간주해 버리기 쉽다. 그러나 여백이 없는 동양화란 상상하기 어렵다. 동양화의 매력은 여백 처리에서 그 진면목이 드러나는 것이다. 또 이 세상에 공간 없이 뭔가가 가득 채워져 있다고 가정해 보자. 그렇게 되면 설치물들은 조금도 지탱하지 못하고 이내 소멸이나 파멸에 직면하고 말 것이다. 제주의 강담을 보고 있노라면 여백의 활용과 공간의 묘미가 절묘함을 새삼 느끼게 된다.

우리 마음의 순기능과 역기능도 흡사하다. 마음을 비울 때 공간 활용이 원활하게 되는 것이다. 반면에 마음 구석구석에 뭔가 가득 채우려 하면 할수록 자신을 감당할 길이 막연해진다. 단 하루만이라도 자신을 살펴보자. 비우는 연습을 했는가, 아니면 채우는 연습을 했는가. 정작 인간이 낭비해야 할 것은 소유욕이다. 소유욕은 다른 재앙을 유발하는 원동력이 되기 때문이다.

사색의 안마

거리를 걷다 보면 안마나 마사지 간판이 눈에 띈다.

안마는 고대 중국의 침·뜸과 더불어 발달한 한방의료의 물리 요법으로서 안교도인법按蹻導引法이라는 이름으로 우리나라에 전해졌다고 한다. 그러나 그 전래 시기는 자세히 알 수 없고, 수나라의 『병원후론病源候論』에 당시 도사導士들 사이에 성행했던 양생 방법인 안마가 소개되어 있다. 당나라의 『천금방千金方』 권27 「양생편」과 『천금익방千金翼方』에 안마법이 소개되어 있다.

그 어원은 억안조마抑按調摩로 지압·마사지와 함께 일점압박一點壓迫의 압자극을 기본으로 하고, 이것이 일정한 간격으로 복합압을 하여 생체에 작용해 압반사로서 신체조직·내장기능의 변조를 조정한다. 안마의 명칭은 시대에 따라 안교按蹻·추장推掌·마사지 등으로 불렀고, 일제강점기에는 지압이라 불렸다.

마사지란 말은 아라비아어의 '압박(mass)'과 그리스어의 '주무르다'에서 기원한 것이다. 손으로 몸의 순환계·신경계·근육계에 생체 반응을 일으키도록 누르거나 두드려 기능의 상태가 달라짐을 조정한다거나 질병을 치료하는 시술이다. 물론 본래 취지에 맞게 운영되는 업소도 많으리라 생각하지만 오늘날 안마는 상당히 변형돼 향락문화의 한 유형쯤으로 간주하게 됐다.

옛적부터 몸이 소중하기 때문에 몸의 치료법을 부단히 연구하고 삶의 질을 높이기 위하여 시술 또한 도외시하지 않았다. 이러한 몸의 기능 못지않게 마음을 소중하게 여긴 사람들이 있다. 우리는 이들을 성인이라 부르기도 하고 참된 스승이라고도 한다. 성인들은 생계를 꾸리는 데 치중하지 않고 풍요로운 삶을 꾸리기로 선택한 사람들이다. 그들은 세속적인 부와 성공에는 조금도 관심을 두지 않았다. 진정한 삶의 역설은, 우리가 세속적인 부와 성공에 아무런 관심이 없어지는 순간에야 비로소 그것들이 우리 곁에 흘러들어 온다는 사실을 여러 유형으로 가르치고 있다. 우리는 비록 원하는 것을 다 가질 수는 없지만, 자신이 가진 것을 체험할 수 있다는 사실을 상기해야 한다. 그때 마음에 환희가 따르게 된다.

붓다의 자비는 무슨 색깔일까 궁금했던 적이 있다. 아마 흰빛이 아닐까. 사람들은 흔히 흰빛을 아무 빛깔도 없는 상태라고 생각하기 쉽다. 그렇지 않다. 흰빛은 다른 모든 빛깔을 다 포함한다. 흰빛은 존재하는 모든 빛깔이 섞인 것이다. 흰빛과 같이 자비의 속성은 분별하지 않는 것이다. 또한 상대를 무한히 수용하고 받아들이는 것이다. 자비는 증오·분노·질투·탐욕이 전혀 없는 상태가 아니라 모든 감정의 합습이고 총화이다.

진실한 자기의 발견은 사색에 기초한다. 누에는 열심히 먹고 배설을 거듭해 마침내 누에고치 속에 자기 몸을 가두어 간다. 이것이 바로 무명의 세계이다. 명明과 무명은 손바닥과 손등의 작용과 흡사하다. 마치 손을 쥐면 주먹이라 하고 손을 펴면 손바닥이라고 하는 이치와 같다.

바다 속에 살고 있는 거북이나 게를 보고 있노라면 느끼는 바가 많다. 그들은 등에 몇 톤이나 되는 수압을 받으며 살고 있는데 인간도 그와 같은 생활을 하고 있다. 그 수압으로부터 벗어났을 때 비로소 무명의 누더기를 벗고 자기를 깨달을 수 있게 된다. 인간은 안·이·비·설·신·의라는 작은 구멍으로 세계를 보고 판단하고, 숨을 쉬며 이것이 진정한 자유가 아닐까 생각한다. 이런 생각은 수륙중생의 삶과 그 궤軌를 크게 벗어나지 않는다.

이 세상에 제일 큰 소리는 우주가 굴러가는 소리가 아닐까 한다. 그러나 그 소리를 들었다는 사람은 흔치 않다. 아마 가장 큰 소리는 내면의 소리일 것이다. 사색의 묘미는 내면의 소리를 들을 수 있다는 데 있다. 내면은 가장 가까우니까 가장 큰 소리이다. 나 이외의 모든 것들이 참인지 거짓인지, 옳은지 그른지, 좋은지 나쁜지 말해 주는 소리를 역력히 들을 수 있다. 그 소리는 신기하게도 그냥 내버려 두기만 하면 스스로 알아서 방향을 정하고, 여정을 이끌어 주는 레이더가 된다. 사색은 무수한 전파를 보내고 있다. 내가 누구인지 찾아내려 애쓰지 말고 '자신이 어떤 존재가 되고 싶은지' 판단하라고 말이다.

붓다의 사색이야말로 지상에서 가장 큰 소리를 들을 수 있었으며 어떤 존재가 되어야 하는지 명확한 해답을 얻을 수 있었던 것이다. 우리가 잠시도 잊어서는 안 되는 것은 사색하는 일이다. 사색은 자기점검이며 자기정화 작업이다. 사색을 통해 무명의 실타래는 단번에 싹둑 잘린다.

2장

모름지기 공부인이라면

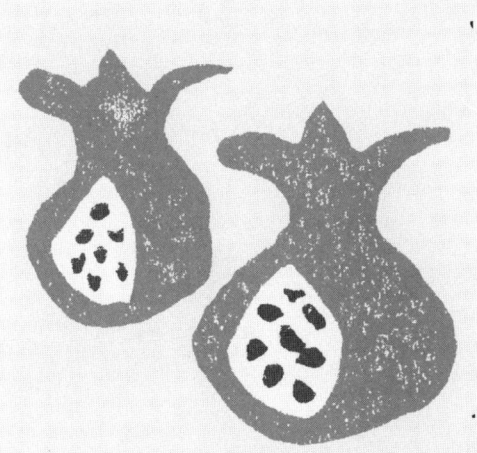

살았느냐

독서가 일상의 많은 부분을 차지하고 있다. '사람에게 아주 작은 도움도 주지 못할 정도로 쓸모없는 책은 세상에 한 권도 없다'는 말이 있다. 이 소중한 책을 읽다 보면 중요한 부분이 그냥 묻히고 마는 경우가 허다하다. 그러기에 기를 쓰고 적바림[1]을 해 둔다. 나중에 참고하기 위함이다. 여기에 못 미치면 행간에 밑줄을 긋고 여러 가지 형태의 표식도 한다. 재벌질의 경우엔 옆잡이[2]가 첨가되어야 후일에 큰 도움이 되기도 한다.

고전 속에는 이런 말이 있다.

"일생 하늘을 이고 다니면서도 하늘의 높이를 모르고, 땅을 밟고 다니면서도 땅의 깊이를 모른다."

이러한 말을 무색하게 한 자연과학자가 있다. "하늘은 얼마나 높을까?"라고 천문학자 이석영은 명제를 던지고 있다. 하늘의 높이는 생각하기 나름이라고 한다. 구름이 동동 떠다니는 곳까지만 하늘이라고 생각하면 그 높이는 고작 10km라고 한다. 햇빛이 산란되어 파랗게 보이는 곳이 하늘이라고 하면 높이가 100km에 이른다. 별이 반짝이는 곳까지를 하늘이라고 하면 9500km까지이고, 별과 별 사이의 까맣게 보이는 허공까지를 하늘이라고 하면 그 높이는 자그마치 137억 광년이나 된다고 한다. 불교에서 광대한 허공을 ākāśa라고 한다. 그리고 하늘의 높이는 지금도 매일매일 높아지고 있다고 한다.

『벽암록』 제55칙에 나오는 내용이다.

  도오道悟 선사가 점원漸源을 데리고 상가에 문상을 갔다. 점원이 상가에 들어가더니 관을 두들기며 "살아 있습니까, 죽었습니까?"라고 물었다. 도오 선사는 "죽었다고도 못하고 살았다고도 못한다."고 대답했다. 돌아오는 길에 점원이 말했다. "스님 빨리 말씀해 주십시오. 만약 말씀해 주지 않으면 스님을 치겠습니다."라고 말했다. 도오 선사는 "치고 싶으면 쳐도 좋지만 살았느냐 죽었느냐 하는 문제는 말할 거라곤 없다."고 대답하므로 점원은 한 대 쳤다. 그 후 도오 선사가 열반한 후 점원은 석상石霜 선사를 찾아갔다. 그리고는 이전 이야기를 꺼냈다. 그랬더니 석상 선사도 "살았다고도 못하고 죽었다고도 못한다."고 했다. 점원이 "어째서 못합니까?"라고 물으니까 석상 선사는 "못하지, 못해."라고 대답했다. 점원은 그 말에 당장 깨우침을 얻었다.

　상가喪家에 문상을 갔다고 했는데 시다림을 간 것이다. 시다림의 어원을 보자. śīta-vana를 음역하여 시타림屍陁林이 되었다. śīta는 '추운', '쌀쌀한'의 뜻이 있고 '찬물'이란 뜻도 있다. vana는 '숲', '덤불'을 뜻한다. 한역漢譯으로는 한림寒林이라고 표기한다.
　인도인의 평생 소원 가운데 하나는 죽어 갠지스 강에 수장되는 것이라고 한다. 그러니까 강의 찬물에 육신을 부려 놓는 것이다. 그렇지 못한 경우 덤불이나 숲속에서 영면을 한다. 불교의식에서의 시다림과 시다림의 어원과는 상당한 거리가 있음을 알게 된다. 신삭新削[3] 시절에 품었던 의구심 가운데 하나는 인도의 말이 중국 말로 번역될 때 정확도가 얼마나 될까 하는 것이었다.
　『벽암록』 내용을 더 살펴보기로 하자. 어느 날 점원이 가래를 들고 법당에 올라가 이리 저리 왔다 갔다 했다. 석상 선사가 "뭐하는 짓이야?"라고 물으니까 "돌아가신 스님의 사리를 찾고 있습니다." 라고 점원은 대답했다. 석상 선사가 "온 천지가 스님의 사리로 가득 찼는데 어떤 사리를 또 찾는단 말이냐?"라고 물었다.
　필자의 책 『한국을 빛낸 선사들』을 읽고 한 언론사에서 찾아왔다. "요사이 선수행자는 많지만 활안종사는 없다고 하는데…" 하는 것이다. "선사는 지천至賤인데 알아보지 못할 뿐이다."라고 답하였다. 돼지의 눈에는 돼지로만 보이고 부처의 눈으로 보면 부처로 보인다고 농㉿을 나눈 무학 스님과 이태조의 얘기를 곁들이기도 했다.

  꽃은 아름답다. 그러나 근심과 수심이 가득한 사람에게는 아름답게 보일 리 없다. 감미로운 선율도 한갓 소음에 지나지 않는다. 나의 마음을 옥양목玉洋木을 펼쳐 놓듯이 확 펴 놓았을 때 세상의 모든 것이 제대로 보이고 들리는 것이다.

  학문의 세계는 항상 구분을 짓는다. 가령 백인·흑인·황색인의 셋으로 나눌 때 그 구분 원리는 피부색이다. 그러나 선의 세계는 구분 짓기를 꺼린다. 이것이기도 하고 저것이기도 하다는 것이다. 혹자는 그런 애매모호한 말이 어디 있느냐고 반문할 수 있는 일이다. 똑같은 사물도 보는 사람의 용량에 따라 천차만별이듯이 진리의 세계는 뭐라고 단정 지을 수 없다는 것이다. 단정하는 순간 언어의 노예가 되고 그 울을 벗어나지 못하여 구속이 되는 것이다.

  아마 지금도 천문학자는 망원경을 보며 하늘의 높이를 계산하고 있을 것이다. 그 끝없는 여정을…

문자를 쓰지 않는다

　책의 형태는 다양하다. 사람의 손이 가지 않으면 그 다양함은 각각의 모습일 뿐 우리에게 의미를 전하지는 못한다. 책은 마침내 독자가 펼치는 순간 정형定形에서 부정형不定形으로 탈바꿈하게 된다. 부정형이라 하면 불안정한 상태를 떠올리기 쉽다. 그러나 정형보다 훨씬 값진 모양이 부정형이다. 생각을 깊이 할 필요도 없는 일이다. 고정된 것은 부패하기 쉽고 곧 퇴보해 버리거나 망가지기 일쑤이다. 그러나 살아 있는 것의 속성은 아주 다르다. 움직이고 있다는 말이다. 이 모습인가 하면 어느새 변하여 저 모습이 되기도 한다. 책 또한 독자의 손길이 미치지 않으면 한낱 물질에 지나지 않지만 책장을 펼치는 순간 독자의 뇌와 눈의 작용은 활발해지고 시간과 공간을 뛰어넘기도 하고 환희가 넘쳐나기도 하며 깊은 상념에 빠져들기도 하는 마력을 지니고 있다. 책이야말로 인류의 역사를 확 바꾸어 놓은 대역사大力士가 아닌가 한다.

당송 팔대가唐宋八大家의 한 사람인 왕안석王安石은 「권학문勸學文」에서 다음과 같이 읊고 있다.

가난한 사람은 책 때문에 부유해지고	貧者因書富
부유한 사람은 책 때문에 귀해진다	富者因書貴
책을 읽어 영화 누리는 것은 보았지만	只見讀書榮
책을 읽어 실패하는 것은 보지 못했다네	不見讀書墜

독서야말로 모든 것을 얻을 수 있는 묘약임을 강조하고 있다. 그런데 이렇게 소중한 글을 선에서는 무용지물로 만들고 만다. 불립문자라는 말이 그렇다. 불립문자 교외별전 직지인심 견성성불不立文字 敎外別傳 直指人心 見性成佛이란 사구四句는 달마 대사가 한 말이라고 한다. 그러나 역사적으로 정확하지는 않지만 이 말은 아마 8세기 후반에서 9세기 전반에 걸쳐 쓰이게 되었다고 보는 편이 합당하다고 본다. 규봉종밀(圭峰宗密, 780~841)의 『선원제전집도서』 권상에서 볼 수 있기 때문이다.

불립문자란 '문자에 의존하지 않는다'는 말이지 '문자를 세우지 않는다'는 말은 전혀 아니다. 간간이 주변에서 문자를 세우지 않는다고 말하는 이를 보면 왠지 뜨악한[4] 기분이 되고 만다. 여기서 문자란 말이나 음절이란 의미가 있으나 실은 경전이나 논서를 가리키는 말이다.

『능가경』의 한역본漢譯本에 문자라는 말이 있는데 범어 akshara를 번역한 말이다. akshara는 '문자'라는 말뿐만 아니라 '소리', '단어', '종교적 고행', '희생' 등 다양한 뜻을 지니고 있다. 대정장 16권 『능가아발타라보경』 권4 가운데 불립문자에 해당하는 말이 있다. '문자에 떨어지지 않는다'는 불타문자不墮文字가 있고 혹은 '문자를 여읜다'는 이문자離文字가 있다. 중국 초기 선종사에서 『능가경』은 중요한 몫을 차지하게 된다. 달마는 혜가에게 4권 『능가경』을 전수하면서 "내가 중국에 들어온 후 이 경전만큼 불설佛說다운 것을 보지 못했다. 어진 사람은 이것으로 만족할 수가 있을 것이다. 혜가여! 그대에게 그 진리의 더욱 심오한 것을 내려주려 한다."고 하였다.

진리를 문자라는 수단으로 전달하는 것은 거의 불가능하다고 보는 것이 선의 입장이다. 이는 비단 선종에서만 표방하고 있는 것은 아니다. 노자 또한 도를 언어로써 표현하거나 서술할 수 없음을 강조하고 있다. 그는 이런 결론을 내리고 있다. '도를 아는 사람은 도가 이렇다 저렇다 말하지 않고(知者不言), 도를 이러쿵저러쿵 말하는 사람은 도를 모른다(言者不知).' 성리학에서도 칠분도설七分度說을 들어 언어나 문자의 한계를 드러내고 있다. 진리나 실재 물을 표현함에 7할은 언어 혹은 그림으로 표현이 가능하지만 나머지 3할은 불가능하다는 것이다.

부모가 자식을 사랑하는 마음도 말이나 글로 어찌 다 표현할 수 있을까. 현관을 나서는 자식을 보는 눈길과 손길에 부모의 사랑이 넘쳐나고 있는 것이다. 굳이 수량으로 사랑의 척도를 드러내지 않아도 된다. 말이 어눌해도 무방하다. 손길이 등이나 어깨에 미치지 않아도 하등 문제될 일이 아니다. 그 아들은 오늘도 책을 펼쳐 부정형의 세계에 빠져들 것이다.

무엇이 선사의 길입니까

　시간의 노예가 되어 사는 사람에게 시간에 매이지 않고 일상에서 벗어난다는 것은 신천지를 개척한 기분이 든다. 지난 주말에 괴산에 있는 고찰 각연사를 찾았다. 주지 법공 스님의 가람수호에 여념이 없는 모습을 보고 느낀 바 많았다. 비로전 앞에 있는 보리수 열매로 만든 단주를 내놓기에 하나만 갖겠다고 했다.
　이제 무성했던 잎과 열매가 다 지고 난 보리수는 바지랑대[5]마냥 허공을 받치고 있다. 어찌 허공을 받치고만 있으랴. 중생의 헤아리기 어려운 번뇌가 주저리주저리 달려 있는 것을 떠받치고 있는 것이 아닌가 생각이 든다.
　황벽희운 선사의 제자 목주(睦州, ?~850) 선사가 있다. 성은 진陳씨이다. 목주의 용흥사에서 종적을 감추고 항상 짚신을 삼아 몰래 저잣거리에 나가 팔았으나 세월이 흘러도 사람들이 알지 못하고 진포혜陳蒲鞋라고 별호를 붙였다. 그때 학인들이 찾아와 물으면 거침없이 대답하니 누구 하나 선사의 말을 당해 낼 수가 없었다. 이 때문에 사방에서 귀의하여 받들게 되어 호를 진존숙陳尊宿이라 하였다.

존숙이란 뛰어난 사람이나 연장자를 일컫는 말이다. 존은 경어이고, 숙은 장로로서 수행의 경력이 길고 역량도 뛰어난 노승을 이르는 말이다.

하루는 어떤 사람이 목주 선사에게 물었다.

"무엇이 선사의 길입니까?"

선사가 대답했다.

"나의 길은 간단하다. 배고플 때 먹고 졸릴 때 잔다. 이것이 나의 길이다."

선사에게 물은 사람은 당황했다. 그래서 다시 물었다.

"무슨 말씀입니까? 저도 밥을 먹고 잠을 잡니다. 그렇게 하지 않는 사람이 어디 있습니까? 밥 먹고 잠자는 데 어떤 길이 있다는 말씀입니까?"

선사가 말했다.

"그대는 밥을 먹을 때 먹는 일만 하지 않는다. 다른 많은 일들을 한다. 잠을 잘 때 역시 마찬가지이다. 잠만 자는 것이 아니라 수많은 일들을 한다. 하지만 나는 먹을 때 먹기만 하고 잘 때 자기만 한다. 하나의 행위를 전체적으로 한다."

목주 선사가 주장하는 것은 아무 상념 없이 행동하라는 것이다. 그렇게 하면 그 어떤 행위도 선 수행이 된다고 주장하고 있다. 먹을 때도 생각하지 말고 먹고, 걸을 때에도 생각하지 말고 걷고, 목욕할 때에도 그냥 목욕만 하라는 것이다. 말이 떠오르면 생각이 찾아오지만 말을 떠올리지 않으면 관조가 일어나기 때문이다.

한 번은 다른 사람이 선사에게 물었다.

"수행의 방편 하나를 일러 주십시오."

선사가 말했다.

"내가 방편을 일러준다 해도 그대는 수행하지 않을 것이다. 그대 마음이 시끄러운데 어떻게 수행을 한단 말인가?"

선사는 이어서 이렇게 말했다.

"나와 함께 있으면서 나를 지켜보는 것이 낫다. 방편을 구하지 말라. 나를 지켜보기만 하여라. 그러면 알게 될 것이다."

선사에게 방편을 구한 사람이 7일을 지켜보았다. 하지만 그는 더욱 알 수 없게 되었다.

7일이 지나자 그가 말했다.

"제가 처음 왔을 때보다 더욱 모르겠습니다. 7일 동안 쉬지 않고 지켜보았는데 무엇을 지켜보라는 말씀입니까?"

선사가 말했다.

"그대는 지켜보지 않았다. 내가 걷는 모습을 보았는가? 나는 걸을 때 걷기만 한다. 아침에 내게 차를 가져왔을 때를 지켜보았는가? 나는 차를 마실 때 차를 마시기만 한다. 거기에 나는 없다. '마심'만이 존재한다. 이를 잘 지켜보았는가? 그대가 정녕 지켜보았다면 내가 거기 없음을 알아차렸을 것이다."

각연사 보리수에서 나온 단주를 돌리며 귀경길에 올랐다. 염주를 돌리며 아무 생각을 하지 않았으니 염주 돌리는 일도 훌륭한 수행이 될 수 있다. 생각을 하지 않는 이에게는 삶 전체가 될 터이니.

우리는 환경에 매여 노예가 되고, 시간에 쫓겨 노예가 되며, 대상에 홀려 나를 잃기 십상이다. 역경에 놓이면 그저 그 처지를 지켜보기만 하고, 대상에 부딪치면 대상만을 지켜보아야 한다. 여기서 묘안을 짜 내려고 하면 할수록 미궁에 빠져들기 마련이다.

갯벌 체험을 하는데, 갯벌 속에 들어가 한 발 한 발 내딛기가 만만치 않다. 이내 지치기 일쑤다. 앞으로 가려고만 하지 말고 그냥 덥석 앉아버리면 그만이다. 왜 앉을 생각을 못할까. 갯벌 속에 들어간다고만 생각했기 때문일 것이다.

선사의 길은 단순하다. 순수한 행위만이 있을 뿐이다. 그 행위는 의도하는 바가 없다. 의도하는 바가 없으니 자유로울밖에 없다.

꽃 보고 깨달아

　강산에 꽃이 피었다. 눈꽃이 놀다 간 자리에 야린 꽃이 피었다. 꽃은 무슨 선업을 지었기에 만인에게 기쁨을 주고 있을까. 기약 없이 이별한 지난봄을 생각해 보면 더욱 신기하다. 이듬해 그 절기가 되면 어김없이 그 자리에서 봄의 전령이 되어 우리를 반긴다. 그들의 세계에서 어느 누가 환생을 발원하는 변변한 지노귀새남[6]인들 지냈을 리 만무하다.

　꽃은 암술·수술·꽃잎·꽃받침의 네 부분으로 되어 있다. 분류 기준으로 보면 무피화無被花·유피화·갖춘꽃·안갖춘꽃·통꽃·갈래꽃·풍매화風媒花·충매화蟲媒花 등으로 나뉜다.

　산행길에 꽃의 다양한 색깔이 발길을 잡는다. 왜 진달래꽃은 붉고 개나리꽃은 노란색을 띠고 있을까. 아마 그들은 업이 서로 다르기 때문일 것이다. 업이 다르다 하여 이쪽의 업이 상대편 업을 탓한다거나 나무라지는 않는다. 각각 그 모습 그대로가 좋기 때문이다. 또한 상대를 인정하기 때문이기도 하다.

봄날 산길을 걷다가 복사꽃이 피어 있는 것을 보고 기연이 되어 깨달은 선사가 있다. 『경덕전등록景德傳燈錄』 권11에 보이는 영운지근靈雲志勤 선사이다. 그는 복주 장계長溪 사람으로 처음에 위산에 있으며 30년 동안 화두를 참구하였으나 깨치지 못했다. 그러던 어느 화창한 봄날 언틀먼틀한[7] 산길을 걷다 30년의 의심덩어리가 몽땅 타파되었다. 그는 그때의 심경을 시로 썼다.

> 삼십 년 동안 마음의 검을 찾던 나그네　三十年來尋劍客
> 몇 차례나 잎이 지고 싹이 돋았던가　　　幾回落葉又抽枝
> 복사꽃이 피어 있는 것을 한 번 본 뒤에　自從一見桃花後
> 다시는 의심할 필요가 없어졌다네　　　　直至如今更不疑

위산영우 스님이 이 게송을 보고, "인연 따라 깨달은 것, 영원히 잊지 말고 간직하여라." 하였다. 그 길로 민천閩川으로 돌아가니 현묘함을 찾는 무리가 구름처럼 몰려들었다.

법상에 올라 말하였다.

"여러분, 온갖 길고 짧은 것은 모두 무상으로 돌아가오. 사시의 초목이 잎 지고 꽃 피는 것만 보시오. 인과가 끝날 무렵에 삼악도의 고통이 나타나면 털끝만치도 더하거나 덜하지도 않고 오직 뿌리와 꼭지인 의식만이 항상 남아 있소."

이때 한 납자가 물었다.

"어찌하여야 생로병사를 벗어나겠습니까?"

영운은 대답했다.

"청산은 원래 요동이 없는데 백운이 떠서 오락가락한다."

또 한 납자가 물었다.

"어떤 것이 불법의 대의입니까?"

선사는 "나귀의 일이 끝나기 전에 말의 일이 도래하였다."라고 하였다.

인생사 모두 여사미거마사도래驢事未去馬事到來가 아닐까. 하루 일을 보아도 그렇다. 아침에 이 일만은 오늘 중으로 꼭 마치리라고 다짐하지만 하루해를 넘기고 마는 일이 다반사다. 시간에 속고 일에 치이고 상황에 속아 넘어가고 만다. 그러나 여간해서 속지 않는 자연의 법칙이 있다. 이렇다 할 약속이 없었다 해도 그해 그때가 되면 어김없이 봄은 찾아온다. 대신불약大信不約[8]이라고 했다. 위대한 믿음은 약속을 하지 않는다. 절기 같은 것이다. 그 절기는 때를 어기지 않고 찾아오지만 인간의 약속은 그렇지 못하다.

영운 선사와 같이 이 봄에 기연을 맞자. 기연은 차별심이 없고 분별을 하지 않는다. 누구에게나 공평하다. 기연의 주체는 오직 자기 자신이다. 기연이란 시기인연時機因緣의 줄인 말이다. 범어로

kalā-āśaya라고 한다. kalā는 '순간' 혹은 '시간'이란 말이고, āśaya는 '쉬다', '멈추다' 혹은 '마음의 정리'라는 뜻도 있다. 이 말의 뜻을 정리해 보면 '어느 한 순간에 당면한 문제가 마음에 정리가 된다'는 뜻이고 다른 의미로는 '한 순간에 쉬게 된다'는 말이 된다.

생존경쟁에서 쉰다든가 멈춘다는 말은 대열에서 처지는 것만은 아니다. 쉬고 멈추는 행위는 국면을 전환하는 저력의 자양분이 되기도 한다. 이 좋은 절기에 꽃을 보고 청산을 보고 유수를 보자.

평상심이 도

    길. 사람은 길을 간다. 대지에는 길이 있다. 그 길의 유형은 여러 모양을 하고 있다. 널따랗게 쭈욱 뻗은 고속도로가 있는가 하면 나그네가 옛 정취를 자아내기에 그지없는 오솔길도 있다. 심지어 산행길에서는 밧줄에 몸을 의탁하여 오르내리기도 하는 험준한 길을 만나기도 한다. 하지만 대개의 길에는 이정표가 있다.

    길이란 게 걷는 사람의 외부에만 존재할까? 내가 그렇게 되기를 꿈꾸었던 나만의 비밀스러운 길도 있다. 그런데 인생길에는 이정표가 보이지 않는 경우가 많다. 그러다 보니 자신이 어디쯤 가고 있으며, 언제쯤 종착역에 당도하는지 감지하기란 쉬운 일이 아니다. 이렇게 불가사의한 인생길의 난해한 해답을 성인들은 도道에서 찾아보려고 시도했던 것이 아니었나 생각한다.

    도를 닦으면 아마도 모든 현안이 엉킨 실타래가 술술 풀리듯 풀린다고 보았음직하다. 그래서 도를 닦고자 하는 인간의 욕망은 뇌리 속에 영속적인 나선형의 연결고리를 만들어 놓았다. 그러나 형이상학적인 도는 쉽게 체득되지 않는다. 마치 신기루가 보이나 잡히지 않듯이 말이다. 선사의 경우는 다르다. 마치 "아침에 세면하다 코 끝 만지기만큼 쉬운 것이 도"라고 가르치고 있으니 우리에게 큰 희망을 주는 것이야말로 도가 아닐까 한다.

『무문관』 제19칙에 '평상시도平常是道'라는 화두가 있다. 시대는 중국 당나라 때이다. 조주 스님이 수행을 하고 있던 시절, 남전南泉 스님을 찾아 "도란 무엇입니까?"라고 물었다. 이에 남전은 마조도일馬祖道一 선사의 말을 그대로 인용하여 "평상심이 도"라고 했다.

여기서 평상심이란 중생의 일상생활의 마음이 아니다. 일상에서는 마음작용이 불연속성不連續性을 지니지 못하고 있다. 마음속에는 항상 크나큰 따리가 자리 잡고 있다. 그 마음은 그냥 두어도 점점 불어나는 속성을 지니고 있다. 지칠 줄 모르고 질주하고 있는 이러한 마음을 선사들이 평상심이라고 하지는 않았다. 시비선악, 오호미추惡好美醜가 탈락하여 한 생각도 일어나지 않는 마음을 평상심이라고 한다. 이러한 마음이 곧 도라고 규명하고 있다.

부처님이 힘주어 가르친 사성제四聖諦가 있다. 곧 고집멸도이다. 부처님이 가르친 도는 mārga라고 한다. 동사는 mārg이다. 이는 '탐구하다' 혹은 '노력해서 얻다', '정화하다'라는 뜻에서 온 말이다. 고속도로는 rathyā이고 오솔길은 patha이다. 한자漢字로 길 도道라고 표현하고 보면 사성제의 도제道諦는 오리무중에 빠질 우려가 있다. 이는 번역의 오류라기보다 번역의 한계라고 할밖에 없다. 이러한 사례는 앞으로 짬이 나는 대로 정리할 생각이 있다. 언어의 구조가 제각기 다르고 문화적 습속이 판이한 데에서 오는 한계를 벗어나기란 여간 어려운 문제가 아니다.

『도덕경』 첫 구절에서 도가도비상도道可道非常道라 하여 "도라고 말하는 도는 영구불변한 도가 아니다."라고 규명하고, 이는 언어를 초월한 존재라 하였다. 유교의 도는 도덕적인 규범을 의미하며, 유교의 도와 구별할 필요가 있을 때에는 상도常道라는 이름을 쓰고 있다.

필자는 길을 걸으며 만족스럽지 못한 면면을 보게 된다. 보행의 문제다. 보행자가 좌측통행에서 우측통행을 하자는 캠페인이 도처에 있다. 글을 아는 사람들이 이를 도외시하고 의식 없이 좌측통행을 일삼고 있다. 사람이 무엇에 길들여졌다는 것이 참 무서운 일이라고 생각한다. 익힌 습에서 벗어나기란 생각만으로 되는 것이 아니고, 몸으로 익혀 실행하기까지는 상당한 거리가 있음을 안다. 도를 이루기 위해 몸을 조복調伏 받는 일보다야 쉬울 터이니 우측통행 좀 합시다. 법규를 지키는 보행자의 사고에 딸딸거림[9]이 사라지게.

갈대가 자라 무릎을 뚫는다

　동안거를 마치는 해제일이 코앞에 닥쳤다. 원래 안거란 비에서 연유한 말이다. 인도의 불교 수행자들은 4월 15일부터 3개월간 우기雨期 때에 외출할 경우 초목이나 작은 곤충들을 모르고 밟아 해치게 되지 않을까 두려워했다. 그래서 동굴이나 가람에 모여 바깥출입을 자제하고 수행에 전념했다. 이것을 우안거라고 한다. 그러고 보면 안거는 우안거의 축약된 말임을 알 수 있다. 비라는 말은 범어로 varsha라고 한다.

　선종에서는 하안거·동안거라고 해서 각각 90일 동안 외출을 금지하고 오로지 좌선을 통한 수행에 전념한다. 제방의 수행자들은 안거를 마치는 날인 안거경安居境을 고대하고 있을 것이다. 이 안거경은 단순히 시간상으로 약정된 날이 아니다. 참다운 수행자에게 시간이란 부질없는 숫자의 나열에 불과한 일일 것이다. 수행자라면 누구나 희구하는 활연대오豁然大悟의 날이 공부를 마치는 날이고 진정한 해제일이리라.

오등록五燈錄이라 하면 『경덕전등록』·『광등록』·『속등록』·『연등록』·『보등록』을 이르는 말이다. 『속등록』 「법화제거장」에 나오는 말이다.

어느 날 한 스님이 찾아와 물었다.
"여하시불如何是佛입니까?"
법화 선사가 답했다.
"노아천슬蘆芽穿膝[10]이다."

수행자의 진면목을 드러내는 좋은 사례가 아닐까 한다. 사람들은 일의 성패를 논할 때 운 타령을 곧잘 한다. 그 사람은 운이 좋아 일이 성사되었다 하기도 하고, 사안이 여의치 못하면 운이 좋지 않아 일을 그르쳤다고도 한다. 그러나 정작 하고자 하는 일에 얼마나 혼신의 힘을 기울여 도전해 봤느냐의 물음에 "아뿔사!"만 연발하는 경우를 자주 듣게 된다. 누군가가 구각춘풍口角春風[11]으로 귀를 솔깃하게 한들 무슨 신통한 처방이 될 수 없는 일이다. 마음이 달뜬 나머지 동서남북으로 허둥거린다 한들 신통한 일이 생길 리 없다. 자업자득이라 했다. 내가 지은 행위는 내가 받는다는 가르침은 비단 업의 문제에만 국한되지 않고 삶의 도처에 적용되고 있다. 수행에 있어서도 내가 지은 만큼 그만한 집을 짓고 그만한 그릇에 담기 마련이다. 소위 조행操行[12]은 한 인간의 미래의 거울이 된다.

 부처님의 존상 앞에 서면 경외심이 절로 난다. 그 경외심은 사람마다 느끼는 바가 다를 것이다. 부처님의 머리털(螺髻)을 보자. 부처님이 나계선인이 되어 선정을 닦고 있을 때의 일이다. 온갖 새들이 날아와서 머리 위에 집을 지었다고 한다. 미동도 없이 정진에 몰두한 부처님의 모습이 눈에 선하게 그려진다. 인천人天의 스승이란 관록貫祿의 유무에 있는 것도 아니고, 연륜의 짧고 깊음에 비례하는 것이 아니다. 단 한 시간이나 단 한 철 동안의 정진일망정 안팎이 여일한 정진이라면 품세 있고 내실 있는 정진이라 할 것이다. 안팎이 다르면 왠지 자신이 편하지 않고 남이 보기에도 여간 불편하지 않다. 마음이 음충맞아[13] 겉과 속이 다른 사람을 표리부동하다고 한다. 상대와의 이해득실에 따라 신의를 저버리는 경우이다. 그러나 수행에서 문제는 상대가 없다. 오직 자기 자신과의 문제일 뿐이다. 안팎의 문제는 누가 종용한 바도 없고 요술쟁이가 트릭을 쓴 것도 아니다. 오로지 자신이 짓고 자신이 맥없이 끌려가는 일일 뿐이다.

 『속등록』에 나오는 정진에 몰두한 법화法華 선사의 눈썹에는 거미줄이 늘어져 있다. 선사의 당찬 일성에 다시 귀 기울여 보자. 이러한 선사의 일성에는 가식이 있을 수 없다. 선사의 자세에 제불

보살의 환희가 넘친다. 선사의 주변에 선신의 옹호가 넘친다.

셋방살이에 찌들려 살면서도 고대광실을 소개하는 어느 얄궂은 복덕방 영감의 삶을 애처로이 여긴다. 혹시 내 인생이 복덕방 영감이 아닌가 살펴보자. 아니라면 나는 공부를 마치고 고대광실에서 경대를 마주한 일없는 사람이 되었는지 자문자답해 보자.

정진력

　인류가 가장 많이 쓰는 말이 있다. 그것은 날씨 이야기이다. 아무리 낯선 자리라 해도 서로 가장 편한 대화가 날씨 이야기이기 때문이다. 웬 폭우가 전국을 강타한단 말인가. 만약 비가 시나브로 내렸더라면 별 문제가 없었을 것이다. 그러나 쉼 없이 거푸거푸 내린다는 것이 상상을 초월하는 재앙을 낳았다.

　우리말에 '낙숫물이 섬돌을 뚫는다'는 말이 있다. 일을 함에 중단 없이 노력하다 보면 마침내 그 원하는 바를 성취할 수 있다는 정진의 위대함을 역설한 것이라고 본다. 레크리에이션은 단순히 오락문화의 산물이 아니다. 단어의 구성으로 보아 재창조라는 뜻이다. 이미 세상에 나왔거나 이룩된 것을 유용하고 이익되게 하고자 하는 것이 레크리에이션이 의도하는 바일 것이다.

　또 rebirth를 보자. 재생이나 환생이란 말이다. 삶의 대열에서

낙오되었다가 본 궤도에 오를 경우 다시 태어났다고도 한다. 같은 육신을 놓고 어떠한 정신이 부여되느냐에 따라 의미가 달라진다. 정신의 힘이 얼마나 위대한가를 여실히 드러낸 말이 정진이 아닐까 한다.

도량에 복숭아나무 두 그루가 봄이면 담홍색의 자태를 드러낸다. 요사이는 열매를 맺어 매일 크기와 굵기, 색의 농도가 변하는 모습을 확인하는 빈도가 잦아졌다. 연약한 꽃잎이 변하여 열매를 맺었다. 거기에 안주하지 않고 변신을 거듭하고 있다. 저 복숭아 똘기[14]는 언젠가는 불그스름한 빛깔로 익어 갈 것이다. 그러기 위하여 긴 시간도 필요하고 온도와 습도도 조절해 갈 것이다. 마침내 수밀도水蜜桃가 되어 복숭아화채로 올려질 것이다. 여기서 또 부단한 정진의 묘미를 터득하게 된다.

정진精進을 범어로 vīrya라고 한다. '용기', '용맹', '힘'을 뜻한다. 정진력의 력力은 bala이다. '힘', '정당함'의 뜻이다. 동사는 bal로 '숨 쉬다', '곡식을 저장하다', '부를 지키다'라는 뜻이 있다. 힘이라고 하면 일반적으로 잘 단련된 근육질에서 나오는 것이라고 생각하기 쉽다. 그러나 그 흔한 숨 쉬는 행위가 힘이라니 인도인의 사유세계가 우리의 석고화된 머리를 일깨운다. 단순한 숨, 들숨과 날숨이 어찌 힘이 될까, 의구심을 가질 수 있다. 그러나 생각해 보자. 부처님의 수식관을 상기시키면 의구심은 쉬 풀린다.

정진력이란 곧 숨쉬기에서 용기와 용맹이 나온다는 사실을 그 어원 풀이에서 쉽게 이해할 수 있다. 거대한 밀림이나 설산 앞에 서도 굴복하지 않고 앞으로 나아가는 힘은 그 단순한 호흡에서 나온다는 사실을 터득하게 되었을 때의 기쁨을 만끽해 본다. 정진의 힘은 단순히 악을 쫓고, 선을 닦기 위한 노력에 한정되는 것이 아니다. 힘은 산을 뽑을 만하고, 의기는 세상을 뒤덮을 만하다는 뜻의 역발산혜기개세力拔山兮氣蓋世한 항우項羽 장사가 육체의 힘을 드러냈고, 로마제국의 최후를 빛나게 한 위대한 정치가 키케로Cicero는 말의 힘을 보였다. 그리고 침묵으로 정진력을 드러낸 부처님의 정신의 힘은 그 무엇에 비견할 수 없는 위대한 힘을 갖는다.

 인도에서는 인생에는 네 단계가 있다고 믿고 있다. 첫 번째 단계는 젊음이다. 누구나 부러워하는 젊음을 그들은 가장 재미없다고 한다. 두 번째 단계는 성숙이다. 가정을 이루어 아이를 낳고 돈을 벌며 성공을 이룬다. 세 번째 단계는 초연함이다. 세상사에 초연하고 생존경쟁으로부터 벗어나 진리를 탐구하고 삶의 근원을 공부한다. 네 번째 단계에서는 도인이 되는 것이다. 걸림 없는 삶이다. 인도인들은 태생적으로 광대한 우주의 섭리를 거역하고자 하지 않았다. 생로병사의 사이클에서 벗어나고자 허둥거리지도 않았다. 꽃이 피고 꽃이 지고 열매가 맺는 순환의 법칙을 숭고하게 수용하였다. 슬기로운 인간의 예지가 엿보인다.

 정진이라고 하면 채워지지 않았던 것을 채우게 된다고 가감법으로만 생각할 일이 아니다. 또 뭔가 이루지 못했던 것을 이루었을 때의 충만함으로만 이해할 일도 아니다. 참된 정진이란 채우는 작업만이 아니라 가득 찼기에 그 포만감으로 주변을 볼 수 없고 자신을 돌아볼 수 없었던 우치함을 일깨우는 각성제쯤으로 이해해 보자. 그렇게 되면 무엇에도 비교할 수 없는 큰 충족으로 가득 채워질 것이다. 모든 경기장에서 승리하고자 출발점에 서 있는 선수의 모습을 그려 본다. 얼마나 가슴이 콩닥거리며 전신에 식은땀이 흐를까. 반면에 관중석에 앉아 박수갈채를 보내는 관객의 여유로움에서 느끼는 기쁨은 더 클 수도 있다.

허영심에 의해 수요가 발생하는 현상을 베블린 효과(Veblen effect)라고 한다. 미국의 사회학자인 베블린의 설이다. 예컨대 다이아몬드는 비싸면 비쌀수록 여성의 허영심을 사로잡게 된다고 한다. 우리 사회가 점점 짝퉁이 범람하고 있는 현상도 다름 아닌 허영심을 부추긴 데서 기인한 결과라고 본다. 정진의 힘은 베블린 효과도 이내 잠재울 수 있는 묘약이 될 것이다.

백척간두에서 걸어 보라

아련한 추억이 있다. 어느 날 초등학교 운동장에 늑목肋木이 놓였다. 많은 어린이들이 처음 보는 운동기구라 운동보다는 신기함이 발동하여 앞 다투어 오르내리곤 하였다. 늑목은 체조에 쓰는 기구로 기둥이 되는 튼튼한 나무 사이에 많은 가로장 나무를 고정시킨 것으로 몸을 바르게 하는 운동에 썼다.

지금 돌이켜 보면 위험천만한 짓을 했구나 하는 생각이 든다. 가로장[15] 나무를 오르려면 반드시 한 손을 놓아야만 오를 수 있는 일이다. 수중에 꼭 잡고 있던 가로장의 한 손을 과감하게 놓아야만 더 오를 수 있다는 사실을 누군가가 딱히 가르쳐 주지 않았건만 놓을 줄 알았다. 참 위대한 별견이랄 것도 없이 그저 숨 쉬듯이 자연스럽게 반복하였다. 수영을 할 때도 그렇다. 앞으로 나아가기 위해서는 반드시 한 손은 뒤로 제쳐야만 앞으로 나아갈 수 있다. 이미 우리는 일상에서 진리를 깨달았다. 버리는 것은 손해 보는 것이 아니고 더 얻는 것이라는 사실 말이다.

와각지쟁蝸角之爭16이라는 말이 있다. 달팽이의 더듬이 위에서 싸운다는 말이다. 하찮은 일로 승강이하는 짓이나 혹은 작은 나라끼리의 싸움을 이르는 말이다. 달팽이의 두 더듬이 가운데 한 더듬이를 촉觸이라 하고 옆의 더듬이를 만蠻이라고 한다. 달팽이 자체를 놓고 보아도 미미하기 그지없는데 연약하기 그지없는 더듬이로 제 몸에 붙어 있는 더듬이를 상대로 싸우다니 우직하고 탐욕스러운 것들이라고 치부할밖에 별 도리가 없다.

그런데 그렇게 단정하는 인간의 모습은 어떠한가. 달팽이의 분쟁과 별반 다를 것이 없다. 탐욕의 사슬에서 벗어나지 못하고 있기 때문이다. 어린 시절에 늑목에 오를 때를 회상해 보면 과감하게 한 손을 놓았으련만 성인이 되어갈수록 놓기보다 쥐는 것에 더욱 익숙해져 버렸다.

『무문관』제46칙에서 석상 스님은 "백척간두에서 어떻게 걸어 나아갈까(百尺竿頭如何進步)."라고 말하고 있다.

한두 척도 아닌 백척간두에서 어떻게 걸어 나간다는 말일까. 무지몽매한 질문이 아닐 수 없다. 백 척이란 숫자에 집착하다 보면 생각이 멈추고 만다. 고저장단이나 시비곡직을 구별하지 않는 것이 선의 입장이다. 석상 스님이 말한 백 척이란 비단 길이만을 말한 것이 아니다. 범부중생은 언구에 집착한 나머지 고개를 설레설레 젓기 일쑤다. 다수의 공안은 언구에 걸리도록 되어 있다. 그러다 보니 일생을 허비해도 공안의 노예가 되어 살 뿐이다. 그 속에서 유구한 세월 동안 오고간 나그네를 어찌 다 헤아릴 수 있을까. 실로 언구를 벗어나기란 말같이 쉽지 않다.

절 앞에 개울이 흐르고 있어 행인이 징검다리를 건너기에 불편하여 다리를 놓기로 하였다. 공사를 마친 후 다리 이름을 부도교不渡橋라고 붙였다. 하루는 객승이 절을 찾아오다가 다리에 부도교라는 글을 보고 다리 앞에서 머뭇거리고 있었다. 그 모습을 바라보고 있던 스님이 "이 바보야, 왜 서성거리고 있느냐. 냉큼 건너오지 못하고." 하자, 객승은 "건너가지 못하는 다리라는데요. 어떻게 건너라는 겁니까?" 하더라는 일화가 있다. 이 경우야말로 객승이 언구에 걸려 꼼짝 못한 사례가 된다.

선은 지식이나 학문으로 해결할 수 있는 문제가 아니다. 객승의 경우가 그렇지 않은가. 그가 만일 글을 몰랐더라면 거리낌 없이 다리를 건넜을 것이다. 그러나 안다는 것이 오히려 멍에가 된 경우이다. 버리지 않는 한 해결될 수 없는 것이 선이다.

비단 선에서만이 아니다. 일상에서의 삶도 그렇다. 버려야만 채워질 수 있다는 평범한 진리를 잊고 그저 비어 있는 것은 공허한 것쯤으로 이해할 수 있으나 비어 있음이야말로 현자의 소유다. 놓여 있고 채워진 것들은 범부의 소견에서 나온 어리석음의 산물이다. '모르는 것이 부처'란 말이 있는데 도리어 무식한 사람이 행복하다는 것이다. 그렇다고 지식을 부인하는 것은 단연 아니다. 지식을 두루 갖추고 있으면서도 정말 자기 분수를 안다면 백척간두에서 활보할 수 있을 것이다.

새해를 맞으면 집안 청소도 말끔히 하고 거실에 화분 하나라도 놓고 장식을 한다. 벽도 새 벽지로 도배를 한다. 장식할 때야 경비도 들고 육체도 피로하지만 이내 정신이 맑아진다. 집치장 못지않게 새해에 장식할 우선순위가 있다. 그것은 놓는 것이다. 놓으면 허전하기도 하고 섭섭하기 마련인데 그건 일순간의 일이다. 영원히 넉넉하고 행복할 수 있는 길은 조건 없이 놓아버리는 것이다. 자리도 놓고 권세도 놓고 가진 것도 놓기가 말같이 쉬운 일은 아니다. 그러나 지녀서 겪는 고통은 그칠 줄 모르지만 놓아서 누리는 만족은 어디서나 충만하다.

우리는 들숨과 날숨에서 위대함을 배운다. 깊은 산 속에서 맑은 공기를 한껏 마시면 답답했던 가슴이 뻥 뚫리는 것만 같다. 이 상태가 좋다고 계속 유지하려는 어리석음을 지닌 사람은 별로 없을 것이다. 바로 비워야만 또 신선한 공기를 마실 수 있다는 것쯤은 알고 있기 때문이다. 평범함 속에는 항상 비범함이 있다는 사실을 알고 놓고 비우기로 새해를 맞이한다면 넉넉한 한 해가 될 것이다.

범어로 장엄을 alaṃkrita라고 한다. alam에서 나왔는데 '충분한', '적당한', '동등한'의 뜻이다. 소유한 것이 적어도 충분한 줄 알아야 하고, 지체가 높은 사람과 내 처지를 비교해 보아도 자리는 낮지만 나의 정신세계는 더욱 더 고매하다는 사실을 인식했을 때 열등이 아닌 동등함을 느낄 수 있으리라. alam으로 장식된 신앙인의 삶은 언제나 풍요롭고 넉넉할 뿐이다.

방

　학기 종강이 되었다. 이 무렵이 되면 늘 자신에게 반문해 본다. 얼마만한 편달이 있었는지. 편달과 편복鞭扑[17]은 동의어이다. 채찍 편鞭 자는 사람을 지도하는 회초리를 뜻하고, 매질할 달撻 자는 잘못을 바로잡기 위해 때린다는 말이다. 칠 복扑 자 또한 종아리채로 때린다는 뜻이다.

　이번 강좌에는 죽비를 사용하는 경우가 많았다. 다수가 열심히 정진하였으나 개중에는 앉으면 이내 방아를 찧는 학생들도 있었다. 그때마다 죽비선물이 가게 마련이다. 여기서 중요한 사실을 발견하였다. 귀는 귀하게 여기고 의식은 천하게 여긴다는 것이다. 그리 졸다가도 방선 죽비소리는 영롱하게 알아듣고 자세를 푼다. 약산유엄 선사가 이고에게 한 "어찌 귀는 귀하게 여기고 눈은 천하게 여기는가?"라는 말이 실감이 난다.

장마를 대비하여 농부는 부실한 둑을 편비내한다. 우리도 알찬 미래를 위해 대비해야 할 일이 많다. 그래야 발전을 기약할 수 있다. 근자에 젊은이들은 기성세대의 말을 잔소리쯤으로 치부해 버리기 일쑤다. 그러나 예전의 구법자들은 그 양상이 영 딴판이었다.

운문의 눈을 뜨게 한 스승은 목주(睦州, ?~850) 선사였다. 황벽희운의 제자로 호를 진존숙陳尊宿이라 하였다. 선사의 가풍은 누가 찾아오면 문을 닫아 버렸다. 운문이 처음 찾아갔을 때도 역시 문을 닫고 "누구냐"고 벽력같이 소리를 질렀다. "운문입니다."라고 문밖에서 대답했다.

"무엇 때문에 왔는가."

"스님의 지도를 받으러 왔습니다."

그때 문을 빼주룩하게[18] 열고 운문의 얼굴을 잠깐 내다보고는 그만 문을 쾅 닫아 버렸다. 운문은 연 사흘 동안이나 이 지경을 당했다. 나흘째 되는 날 만일 목주 선사가 문을 열기만 하면 그 틈을 타서 들어갈 작정을 했다. 절호의 기회를 놓치지 않고 방에 들어갔다. 이때 선사는 운문의 멱살을 잡고 한마디 일러보라고 다그쳤다. 꿀 먹은 벙어리가 된 운문을 밖으로 내치면서 하는 말이 "진시지도역찬秦時之鍍轢鑽"이라고 했다. 이는 진시황 35년 상림원上林苑에 아방궁阿房宮을 지을 때 쓴 큰 못을 말한다. 이 못은 너무 커서 보통 집에서는 쓰지 못한다. 아무짝에도 쓸 데 없는 밥벌레라고 욕지거리할 때 쓰는 말이 되었다.

이 밥통 같은 녀석이라고 떠밀어 댔을 때 운문의 한쪽 발이 문틈에 끼었다. "아이구 아파라."라고 비명을 지를 때 크게 깨치게 되었다. 이렇게 깨달은 운문은 후일 동산을 가르친다.

『무문관』제15칙에 보이는 동산삼돈洞山三頓이다.

운문 선사에게 동산이 찾아오니 "어디서 왔느냐"고 물었다.

"사도查渡에서 왔습니다."

"그래, 하안거는 어디서 났는고?"

"예, 호남의 보자사報慈寺에서 지냈습니다."

"어느 때 그곳을 떠났는고?"

"8월 25일에 떠났습니다."

이때 운문 선사가 "그대에게 삼돈방을 때릴 것이나 용서한다." 하였다.

동산이 이튿날 운문 선사를 찾아 물었다.

"어제 스님께서는 '삼돈방을 때릴 것이나 용서한다' 하셨으니 허물이 어디 있습니까?"

"이 바보야, 강서·호남 하고 어디로 돌아다닌단 말이야."

동산이 이때 대오했다.

선에서는 삼돈방뿐만 아니라 일돈방一頓棒, 삼십돈방三十頓棒도 말한다. 일돈一頓이란 곤장을 한 번 치는 것이다. 몰록 돈頓 자로 흔히 알고 있는 돈은 곤장을 치는 횟수를 말한다. 원래 중국에서 죄인을 벌주기 위하여 곤장으로 때렸다. 형법에서 일돈을 20방이라고 한다. 그렇지만 선원에서 삼돈방은 횟수로 60방을 의미하지는 않는다. 삼이란 숫자는 횟수가 많다는 말이지 실수實數의 삼三은 아니다. 방棒이 스승의 자비심으로 학인의 수행을 경책하기 위한 방편인데 여기에 무슨 폭력의 의미가 조금인들 있겠는가.

『임제록』은 임제 선사의 언행을 기록한 것으로 상당上堂 · 시중示衆 · 감변勘辨 · 행록行錄의 4장으로 나뉘어 있다. 상당에서는 일돈방이, 감변에서는 삼십방이 나온다. 덕산이 수시垂示하기를 "도를 깨쳤다고 해도 삼십방이요, 도를 깨치지 못했다 해도 삼십방이다."라고 가르치고 있다.

방이 자비심으로 학인의 수도 경지를 경책하는 선사의 필수적인 도구이듯이 편달도 스승의 사랑이 담긴 도구임에 의심할 바 없다. 제아무리 유용한 정보라도 이용자가 찾아내지 못하면 쓸모가 없듯이 방의 경책을 거부하는 수행자에게는 선지식의 가르침도 부질없는 넋두리에 지나지 않을 것이고 의미 없는 개지[19]의 나부낌이 되고 말 것이다. 깨어 있는 자만이 진보가 있고 기약이 있다. 깨어 있는 자에게 한마디의 말이나 단어 하나가 새로운 세계의 창을 열어주는 동력이 될 수 있으며 정신세계의 내적인 여행을 하기에 충분할 수 있다.

할

　사람마다 기호嗜好가 다르듯이 심신의 치유 방법도 각양각색이다. 필자는 지친 육신과 마음을 다스리는 방법을 새로이 모색하고 있다. 클래식을 감상하는 것이다. 음악감상을 하다 보면 음악의 아버지 바흐도 만나고 모차르트의 〈피가로의 결혼〉, 쇼팽의 〈이별의 왈츠〉도 시공을 초월하여 쉽게 대하게 된다. 모차르트의 신동으로서의 음악적 재능은 후대에 와서 재평가받고 있다.

　"숙달된 작곡가의 기준에서 볼 때 모차르트의 초기 작품은 놀라운 것이 아니다. 가장 초기에 나온 것은 대개 모차르트의 아버지가 작성했을 것으로 보이며, 이후 점차 발전해 왔다. 모차르트가 어린 시절에 작곡한 협주곡, 특히 처음 일곱 편의 피아노 협주곡은 다른 작곡가들의 작품을 재배열한 것에 지나지 않는다. 현재 걸작으로 평가 받는 진정한 모차르트의 협주곡은 스물한 살 때부터 만들어졌다. 이는 그가 협주곡을 만들기 시작한 지 10년이 흐른 시점이었다."고 심리학자 마이클 호위M. Howe는 그의 저서 『천재를 말한다(Genius Explained)』에서 분석하였다.

이렇게 보면 천재도 타고나는 것이 아니라 만들어지는 것이라 하는 사실을 입증한 셈이다. 성공이란 반복적 학습의 결과라는 결론에 도달하게 된다.

선 수행을 함에도 지도 방법이 다양하다. 그 중 하나가 잘 알려진 할喝이라 하겠다. 할이란 일반적으로 큰 소리를 지르는 행위이다. 선문禪門에서 처음 할을 한 경우를 보자.

『전등록』 제6권에서 하루는 백장회해 선사가 대중에게 말했다.

"불법은 예사로운 일이 아니다. 내가 지난날에 마조도일 선사의 두 번째 할을 듣고 그 자리에서 3일 동안 귀가 먹고 눈이 멀었느니라."

이 할을 인용하여 제자의 지도지침으로 잘 활용한 이가 임제 선사이다.

임제는 『임제록』 감변勘辨에서 수행자를 지도하는 수단으로 할을 네 종류로 나누어 말했다. 감변이란 선승의 문답상량을 말하며, 서로의 견해를 시험하고 깨달음의 깊고 낮음을 살펴본다는 뜻이다.

첫째, 금강왕보검金剛王寶劍과 같은 할이다. 이 할은 견고하고 예리하며 어떠한 것이라 해도 단번에 일도양단할 수 있다. 그래서 미혹, 사견邪見, 망상妄想을 한 찰나에 끊을 수 있는 능동적인 할이다.

둘째, 거지금모사자踞地金毛獅子와 같은 할이다. 백수의 왕으로 황금의 털이 덮인 사자가 땅에 웅크리고서 먹이를 낚아채려는 자세는 주위를 정적으로 몰아넣고 위압하는 듯한 할로 수동적인 할이다.

셋째, 탐간영초探竿影草와 같은 할이다. 탐간이란 낚싯대 끝에 찌를 매달아 놓고 물속을 노니는 물고기를 부초, 즉 영초 아래에 모이게 하여 고기를 잡는 어구漁具이다. 결국 상대의 모양을 엿보아 일갈一喝할 때 진짜인지 가짜인지를 파악하는 할로 유도적인 할이다.

넷째, 부작일갈용不作一喝用의 할이다. 이 할은 앞의 세 할과 같이 소리를 내지 않고 상대에게 자기 마음을 전하는 작용을 한다. 굳이 말한다면 침묵의 할로써 묵할默喝이라고 함이 적절할 것이다. 이 할은 임운무작任運無作의 할이나 무공용無功用의 할이라 하겠으며 자연 그대로의 어떠한 조작도 더해지지 않은 할이다. 임운이란 '그대로', '자연스럽게' 정도의 뜻으로 운運에 맡기는 것을 말한다. 이 할이야말로 무갈無喝의 할로서 최상의 할이다. 이러한 할이야말로 깨달음의 경지로부터 토해내는 일구이다. 유마거사가 문수보살에게 침묵으로 불이不二의 법문에 들게 했을 때의 침묵의 할이다. 이 묵할이 자연류할自然流喝이다.

이 즈음은 학생은 한 학기를 결산하는 기말고사를 마치고 교수는 성적을 매기는 시기다. 학생에게는 초조함이, 교수에게는 번민이 따르기 마련이다. 한마디의 말도 하지 않고 묵할로써 서로의 심지心地를 헤아린 유마와 문수처럼 학생과 교수 간에 홀가분한 마음의 해후가 있었으면 한다. 성적의 결과를 놓고 어느 학생은 앙달머리[20]를 하는 경우도 있다. 성적이 흥정으로 타산이 맞으면 물건을 사고파는 저잣거리의 상행위가 아님을 잘 알면서도 말이다. 인생은 히말라야에 사는 한고조寒苦鳥[21]와 같은 것이다.

먹물을 가져오너라

입동이 지난 나무는 발가벗은 모습이다. 창 너머 나뭇가지에는 잎새가 도리질을 치고 있는 귀염둥이마냥 좌우로 경쾌히 흔들어 대고 있다. 거기에 연신 눈길이 간다. 아이의 재롱에 부모의 마음이 무척 기쁘겠지만 잎새의 나부낌은 그렇지만은 않은 듯하다. 왠지 이별의 아쉬움을 온몸으로 표현하고 있는 듯하다. 반면에 순환의 의미를 안고 있는 가지는 해마다 자란 다른 모양새에서 깊은 침묵과 다짐이 있었음을 엿볼 수 있다.

글씨를 쓸 때 글씨의 필세가 건쾌健快할 경우 토기골락兎起鶻落[22]이라고 하는데 가지마다 그런 모습이다. 토기는 토끼가 귀를 쫑긋이 세우고 일어나 주위를 살피는 형상을 표현하였고, 골락은 송골매가 창공을 날다 먹이를 발견하고 잽싸게 몸을 내리꽂듯이 내려온다는 말이다. 역시 글씨의 한 획 한 획에는 느림이 있고 세참이 있어 조화를 이룬다. 비단 인사동 화랑만이 아니라 도처에서 서화전이 한창이다.

선화禪畵의 유명한 일화가 있다.

한 선사가 그림에 열중하고 있었다. 그의 곁에는 그림이 언제쯤 완성되는지 그 시점을 말해줄 수제자가 앉아 있었다. 그런데 제자도 걱정을 하고 스승도 걱정을 하였다. 제자는 스승이 그림을 그릴 때면 언제나 완벽하게 그린다는 사실을 잘 알고 있었다. 그런데 그날은 어찌된 일인지 일이 꼬이기만 했다. 스승은 열심히 노력하였으나, 노력하면 할수록 그림은 이상한 쪽으로만 흘러갔다.

이건 선화가 아니었다. 선화는 유려하게 흘러나오는 그림인 것이다. 우여곡절 속에 선사는 심혈을 기울여 그림을 그렸다. 하지만 그가 열심히 그리면 그릴수록 제자는 옆에 앉아 연신 고개를 흔들었다.

"아닙니다. 이건 완벽하지 않습니다."

그러자 스승은 더 많은 실수를 연발했다. 그리고 먹물이 다 떨어져 가자 스승이 말했다.

"밖에 먹물을 가져 오너라."

제자가 먹물을 가지러 밖에 나간 사이, 기이하게도 스승은 걸작품을 완성해 냈다.

제자가 돌아와서 그림을 보고 놀라 물었다.

"이건 완벽한 그림인데요! 어떻게 된 일입니까?"

그러자 스승이 웃으며 말했다.

"한 가지 사실을 깨달았다. 네가 옆에 있었던 게 문제야. 내 옆에 그림을 평가하는 사람이 있다는 사실 말이다. 그게 나의 평상심을 깨뜨린 게다. 이제는 알았다. 누군가 옆에 있고 그래서 내가 그림을 완벽하게 그리려고 애쓸수록 그림은 완벽해질 수 없다는 사실 말이다."

마치 저 산에 무지개를 잡으려고 애써 달려가면 이미 무지개는 더 먼 산에 가 의젓하게 자태를 드러내고 있듯이, 무엇을 완벽하게 하려고 하면 그것은 완벽해질 수 없다. 자연은 완전하지만 인간의 노력은 불완전하다. 그 무엇인가 완전하게 하기 위해 지나치게 집착하면 늘상 실패할 수밖에 없다. 거기에 깊은 원인이 있다. 무엇인가를 남에게 보여주려고 애쓰기 때문이다. 나의 의식이 상대에게 향하기 때문에 근원을 잊어버리는 것이다.

역대 선사들은 평상심을 강조하였다. 수행자가 평상심을 잃으면 이미 도와는 거리가 멀어지고 만다. 자유로이 계곡을 누비던 산토끼나 사슴은 작은 인기척에도 고개를 쳐들고 포식자를 생각한다. 그 순간 이미 자유는 상실되고 만다. 주변을 의식한다는 것은 나의 근원을 잊어버리는 것이다.

붓을 잡아본 사람이라면 누구나 경험해 보았을 것이다. 붓을 약간만이라도 머뭇거리면 사방으로 먹물이 번져 글씨나 그림을 망치고 만다. 화선지 위에서 머뭇거림이란 절대 허용되지 않는다. 서

투른 붓놀림을 선화라고 미화하다가는 자기기만에 빠지고 만다. 단 한 순간이라도 붓을 머뭇거리면 그 작품은 망치고 마는 것이다. 입격入格이 없는 출격出格이란 허용되지 않는다. 세상 이치는 모두 격식이 있게 마련이다.

　작품을 감상하다 보면 유난히 붓의 힘이 굳센 주경遒勁23이 넘치는 작품이 눈에 띈다. 작가의 혼이 깃들어 있고 기가 넘치는 작품이기 때문에 눈길만이 아니라 저절로 발길을 멈추게 한다. 그보다 더 중요한 것은 진실된 삶을 산 작가의 작품이라면 더욱 감동을 주게 된다.

　감동은 순수를 부르고 순수는 위대한 작품을 탄생하게 한다. 걸작일수록 순수함이 점유하는 영역이 광대하다. 마치 자연이 그렇듯이. 찌든 영혼에 빗질을 해야겠다. 창 밖의 앙상한 나뭇가지에 작은 잎새가 도리질을 치고 있는 탈속함에서…

선禪

    금년 여름은 장마가 끝났어도 폭염 대신 연일 비가 내리니 권태를 느낄 만도 하다. 이러다 보니 그 어린 시절의 여름밤이 그리워진다. 여름밤 늦은 저녁을 먹고 나면 머리 위에서 별들의 향연을 볼 수 있었다. 누군가가 광기가 넘쳐 값진 보석을 천상에 흩뿌려 놓았을까. 그 영롱하게 반짝이던 별빛을 보며 소년의 꿈은 영글어 갔다.

    별은 그리운 얼굴들이 아니던가. 마치 연지蓮池에 핀 소담한 연꽃으로 보이기도 하고, 아직 수줍어 얼굴을 다 드러내지 않고 문설주에 기대어 모습을 반쯤만 드러낸 수줍은 소녀마냥 보이기도 했다. 모기를 쫓기 위하여 보리 괴끼[24]를 한 움큼 모깃불에 올려놓으면 주변은 연기로 뒤범벅이 되고 눈물이 찔끔찔끔 그칠 줄 모른다.

    요사이 남산을 걷는 것을 건강 유지 비결쯤으로 생각하고 매일 걸으려고 한다. 장마가 심술을 부려 곧잘 산행을 쉬어야 하는 경우도 있다. 비가 오고 난 끝에 산길은 정말 그 맛이 다르다. 산의 향기가 비릿한 듯하기도 하고 옥잠화의 꽃향기가 서리서리[25] 풍겨 문득 문득 발길을 잡기도 한다. 이런 때면 자연의 맛을 맘껏 느끼고자 심호흡을 해 본다. 아니다. 심호흡도 물욕物慾이 과한 것이 아닐까 하여 이내 멈추기를 반복한다.

수행이란 무엇일까. 행실이나 학문 따위를 닦는 것이 수행이라고 사전에 기술되어 있다. 닦을 수修, 행할 행行은 불도를 닦는다는 뜻으로도 쓰인다. 그러나 사전적 의미로 수행을 이해하려고 하면 확연하지 않다. 범어로 Pratipatti가 수행이다. 동사는 pratipad로 '당도하다', '얻는다'라는 뜻이다. 명사의 뜻으로는 '확인'이나 '지식'의 뜻을 넘어 '어떻게 행동해야 하는지 혹은 무엇이 행해졌는지를 안다'는 뜻이 훨씬 명료한 표현이라고 생각한다.

예부터 인디언들은 환상여행(Vision quest)을 한다고 한다. 혼자서 일정 기간 동안 자연의 품에 안긴다고 한다. 그 속에서 위대한 신비를 맞아들이고 환희를 맛본다는 것이다. 그 다음 고착화된 기성 세계의 진리를 넘어 몸소 체험하는 과정이라고 한다. 즉 정신과 육신의 탁기濁氣를 씻어내는 정화 작업으로 세상의 신비로운 체험을 만끽하는 것이다. 물론 이러한 수행은 비단 인디언들의 전유물이 아니고 인도에서도 행해졌던 '마음 닦기'의 한 형태였다.

불교 이전에도 수행의 한 형태로 요가수행이 행해지고 있었다.

요가는 생사윤회로부터 해탈하기 위한 수행 방법이었다. 해탈이라는 자기만족을 위한 수행을 뛰어넘어 석존의 수행은 번뇌에 찌들고 병든 사람들을 깊이 관찰하고 안락하게 이끄는 방법을 생각한 수행이다.

선이란 사유수思惟修라 하기도 하고 정려靜慮라 하기도 하는데 구역舊譯과 신역의 표현이다. 선나禪那는 음역이다. 선이란 말이 최초로 나타난 문헌은 Chāndogya Upanishad이다. 여기에서는 선(Dhyāna)이 만유원리의 하나로 받아들여져 '숙고하다'의 의미로 사용되고 있다. 더 세밀하게 분석해 보면 dhi는 '심사숙고하다'이고, yā는 '들어가다'이며, na는 '나타나다'이다. 종합해 보면 '깊은 명상에 몰입하면 제법실상이 나타난다'는 말이다. 동사는 dhyai로 '깊이 생각한다'는 말이다.

『사기』「봉선서封禪書편」에 천자가 지내는 제사를 봉선이라고 하였다. 여기서 봉은 사방의 흙을 높이 쌓아 제단을 만들어 하늘에 제사 지내는 것이다. 선은 땅을 정하게 하여 산천에 제사 지내는 것을 말한다. 특히 산에 제사 지내는 것을 기현瘞縣이라 하고, 하천에 제사 지내는 것을 부침浮沈이라 하였다.

며칠간 장마에 누전이 되어 불을 밝힐 수가 없었다. 잊고 살았던 발명왕 에디슨의 고마움을 새삼 느끼는 날이었다. 예전 같으면 송명松明26이라도 밝혀 어둠을 퇴치할 수 있었지만 그런 관솔도 흔치 않은 세상이 되었으니 촛불에 의지할밖에 도리가 없다. 불현듯 안식眼識에만 신경 쓰고 걱정하고 있는 인간의 단편적인 삶에 조소를 보낸다. 의식意識 즉 마음의 무명에는 대책을 세우는 일 없이 속절없이 세월만 보내고 있다니, 인간은 이렇게 현상에 매몰되고 마는 존재인가 의문을 던지게 된다.

 뱃사람은 고기를 많이 잡았을 때 행복한 것이 아니고 뱃전에 섰을 때라고 한다. 중생의 고뇌를 치유하기 위하여 고행했던 석존의 모습에서 한없는 경이로움과 자기정화를 실감하게 된다.

기와를 갈면 거울이 됩니까

　석공을 보면 바위가 말을 하고, 목수를 보면 나무가 간절히 말을 건네듯이, 펜과 종이를 대면하다 보면 그들의 말이 들리는 듯하다. 나를 써 봐요, 그러면 나는 위대한 문장이나 저술로 탈바꿈할 것이니. 바위는 석공에게 "나를 사랑하고 다듬으면 걸작품이 나올 것이오."라고 귀띔도 한다. 나를 석불님으로 만들어 주시오. 목수에게는 "나를 치장하여 목불님으로 만들어 주시오."라고 한다. 그렇다고 종이가 다 명작으로 환생하여 서재에 오르는 것은 아니다. 바위도 석공의 무수한 손질과 장인의 혼이 불어 넣어져야 불단에 올라 장엄한 석불님이 된다. 숱한 나무 가운데 모두 목불이 되는 것이 아니고 장인의 손길이 멈추지 않고, 끊임없는 대화를 통해 목불님으로 태어나는 것이다.
　조금 전까지만 해도 걸작의 거룩함이란 찾아볼 수 없던 종이나 바위, 나무에서 걸작이 되고 거룩한 부처님으로 태어났으니, 그 거룩함은 어디서 오는가. 거룩함은 정견에서 온다. 거룩함은 열정에서 오고 여백에서 온다.

저 옛날 마조도일에 관한 유명한 이야기가 있다. 대분심을 일으킨 마조는 매일 열심히 좌선을 하고 있었다. 그 가까이 남악회양 선사가 찾아와 말을 건넸다.

"그대는 좌선을 해서 뭣하려는가?"

그러자 마조는 "부처가 되려고 좌선합니다."라고 답했다.

생각해 보면 마조는 좌선 그 자체가 성불의 모습이라는 것을 잊고서 좌선이라는 원인에 의해서 성불이라는 결과를 얻는다고 생각했던 것 같다. 그러자 회양 선사는 무엇을 생각했는지 마조가 좌선하고 있는 면전에서 쓱쓱 기와를 갈기 시작했다. 마조가 그것을 괴이하게 여겨 물었다.

"무엇을 하는 것입니까?"

"거울을 만들려고 하네."

"기와를 갈면 거울이 됩니까?(磨塼作鏡)"

이때 회양 선사는 갑자기 눈을 부릅뜨고 물었다.

"그럼 좌선을 한들 어떻게 부처가 되겠는가?"

이에 마조는 비로소 '이 사람은 도를 통달한 사람인가 보다' 생각하고서 간절한 가르침을 청했다.

"그러면 어찌하면 좋겠습니까?"

그러자 회양 선사가 말했다.

"그대는 수레를 타고 갈 때 도중에 수레가 움직이지 않는다면 타고 가는 수레를 때리겠는가, 아니면 수레를 끌고 가는 소의 엉덩이를 때리겠는가?"

마조는 이에 대하여 답할 바를 몰랐다.

여기서 회양 선사가 말했다.

"그대는 좌선을 배우는가, 좌불을 배우는가? 만약 좌선을 배운다면 선은 앉고 눕는 데 있는 것이 아니다. 만약 좌불을 배운다면 불佛은 고정된 상이 있는 것이 아니어서 머무는 곳이 없으니 취사取捨가 있어서는 안 된다. 그러므로 그대가 좌불한다면 곧 그것은 불을 죽이는 것이고, 만약 좌상坐相에 집착한다면 그 이치에 도달할 수가 없는 것이다."

여기서 회양 선사의 가르침은 무엇일까. 만약 좌선을 배운다면 선은 좌 그 이상의 것이므로 '좌坐'라는 형상에 사로잡힌다면 어떻게 되겠는가. 또한 부처가 되려고 한다면 부처는 절대의 존재이므로 '좌'라는 일정한 형상으로 파악할 수 있는 것이 아니다. 법이나 진리라는 것은 고정적인 실체가 있는 것이 아니기 때문에 이것은 좋다 저것은 나쁘다고 형식적으로 취사분별할 수 있는 것이 아니다.

부처가 되려고 의식한다면 그것은 도리어 부처로부터 멀어지는 것이다. 상대적인 부처를 죽이지 않으면 부처가 될 수 없다는 말이다. 또한 좌라는 형상에 집착하는 것은 언제까지 아무리 노력한다 해도 진실한 자기를 깨달을 수 있는 것이 아니다. 유상有相의 부처를 구한다든가 혹은 진실한 자기를 고정적·실체적 존재로 간주하여 기와를 갈아서 거울을 만들려는 생각으로 좌선을 하면 종국에 가서 삼매력이 생기면 생길수록 냄새가 나서 코를 쳐들 수 없는 선취禪臭가 진동할 염려가 있다. 마조가 빠져 있는 개념은 '무념무상無念無想'이라는 일종의 심리상태에 들어가는 것을 좌선이라고 오해하는 점이다.

놓아라

휘영청 달 밝은 밤에 길을 걷다 보면 그림자가 따라온다. 비단 이런 달밤이 아니더라도 사물이 있는 곳에는 그림자가 따르기 마련이다. 이 행인이 어찌하면 한결같이 따라붙는 그림자를 떨쳐버릴까 궁리하여 걷기도 하고 뛰기도 하였다. 그런데 걸으면 걷는 만큼 뛰면 뛰는 속도만큼 그림자도 속도를 내는 것이다. 이래서는 해결될 것 같지 않아 숨을 돌리고 앉아 보았다. 그래도 여전히 나지막한 그림자가 미동도 하지 않고 앉아 있는 것이다. 행인은 또 다른 묘책을 내어 이제 누워 보았다. 신기한 일이 생겼다. 그렇게 집요하게 따라붙던 그림자가 자취를 감추고 말았다. 낮춘다는 것이 소중하고, 놓는다는 것이 모두 잃는 것이 아니라는 진리를 깨닫게 된다.

『오가정종찬五家正宗贊』「조주장趙州章」에 이런 대화가 나온다.

하루는 엄양嚴陽 스님이 조주 선사에게 물었다.

"한 물건도 갖지 않았을 때는 어떠합니까?"

조주 선사는 "방하착放下著"이라고 답했다.

엄양 스님은 납득이 가지 않아서 재차 반문하였다.

"이미 한 물건도 갖지 않았는데 무엇을 놓으라는 말이오?"

조주 선사는 "그럼 가지고 가게."라고 답했다.

이에 엄양 스님은 대오大悟했다.

방하란 손을 뗀다거나 놓아 버린다는 의미이다. 착은 명령의 뜻을 나타내는 조사이다. 방하착이란 상대적인 관념을 미련 없이 저버리는 것이다. 뿐만 아니라 버렸다는 관념도 버리는 것이다.

살다 보면 병원을 찾는 경우가 있다. 의사는 흉부 X선 사진을 판독하고 결핵의 조짐을 의심할 만한 그림자를 발견하게 된다. X선 사진을 불빛에 비추면서 보는 것은 가슴영상이라기보다는 오히려 그가 수련의 시절에 마음속에 미리 익혀둔 이론이 아닐까? 사전에 익힌 이론에 부하負荷가 걸려 있지는 않을까? 법정의 재판관도 범죄의 사실심리에 근거해야 하는 것이 당연한 일이다. 그러나 법학도로서 예전에 익힌 판례의 유형들이 머리에 자리 잡고 있어서 그 틀에 맞추어 판단하는 경우도 배제하기 어려운 일이다.

만에 하나 이런 일이 있다면 조주 선사의 "놓아라"라는 가르침을 가슴에 담을 만하다. 우리가 명심해야 할 것은 상대적 관념이나 선입관이란 사안을 해결하는 데 크나큰 장애가 될 수 있다는 사실이다. 이러한 부하에서 벗어나면 육신도 마음도 편안하고 자유롭게 된다.

완성이란 일정한 수나 용량이 절대적으로 필요하다. 'Sky is blue'라는 문장이 되려면 8개의 알파벳이 필요하다. 이 8개의 알파벳을 사용하지 않고는 '하늘이 푸르다'는 뜻의 말이 될 수 없다. 수와 용량이 충족되면 그 다음에는 무한한 말을 만들 수 있다. 기본이 튼튼하기 때문이다. blue 대신 다른 낱말을 대입시킬 수도 있다. 운동선수들의 경우 한 종목의 우수 선수가 되기 위해서 그 종목에 해당하는 기술만 연습하지는 않는다. 소위 충분한 몸 만들기를 한 다음 집중적으로 그에 맞는 기술을 습득한다. 기본기가 잘 닦이면 훌륭한 선수가 될 수 있다.

화가에게도 성공하기 위한 조건이 있다고 한다. 우선 필요조건이다. 어느 누구도 절대로 그린 적이 없는 그림을 그려야 한다는 것이다. 그 다음이 충분조건인데 아름답고 놀라움을 줄 수 있어야 한다는 것이다. 오딜롱 르동의 〈오디세이아에 나오는 한 눈을 가진 거인〉이란 작품에서 필요조건의 충족을 느낀다. 그리고 마네의 〈풀밭 위의 식사〉는 최초의 모더니즘 회화로 일컫는 작품인데 아름답고 온화한 체온을 느낄 수 있는 충분조건이 된다.

부처님께서 정진할 때 항상 등장하는 인물이 있다. 마왕이다. 이 마왕에게는 세 딸이 있는데, 갈애와 집착과 번뇌다. 물론 의인

화해서 딸이라고 했다. 갈애·집착·번뇌는 그림자처럼 서로 붙어 다니는 속성이 있다. 이 녀석은 안팎으로 노자도 없이 가는 곳마다 따라다닌다. 언제나 무임승차다. 수행자는 철저한 승무원이 되어 그림자를 색출해야 한다. 부지불식간에 나를 엄습해 오는 집착이고 번뇌이기 때문이다. 이 집착을 내려놓는 자는 볼품없는 대바라기[27]가 아닌 대자유인이 되지 않을까.

  준령을 넘는 구름은 무겁다 생각하면 감량을 한다. 그러고 나면 먹구름은 흰구름이 되어 창공을 아름답게 수놓지 않던가…

소리를 듣고 깨달아

깨달음의 방법은 두 가지로 집약할 수 있다. 하나는 대상을 보고 깨닫는 것이요 또 하나는 소리를 듣고 깨닫는 것이다. 부처님의 경우 별이란 대상을 보고 기연을 만나 깨치게 된다. 그리고 역대 조사들의 경우 다수가 소리로 기연을 만났음을 알 수 있다. 물론 예외도 있다. 고려 말 나옹懶翁 선사는 회암사에서 정진하다가 매화꽃이 핀 모습을 보고 깨달았다. 서산 스님은 남원 어느 마을을 지나며 닭 울음소리에 깨닫게 된다.

이렇게 보면 깨닫는다는 것이 처소가 한정되어 있는 것이 아님이 분명해진다. 깨치는 도량이란 한정된 공간이 아니고 우리가 숨 쉬고 발 닿는 곳곳이 수행도량이 되는 것이다. 산에서 수행했다고 해서 산기도 했다고 한정할 수 없는 일이고, 강가에서 수행했다 해서 용왕기도 했다고 한정할 수 없는 이치와 같다. 니련선하尼連禪

河에서 수행한 부처님은 분명 용왕기도 한 것이 아니지 않은가.

도량道場이란 무슨 의미가 있을까. 도량이란 깨달음을 연 장소이고, 도를 수행하는 장소를 말한다. 범어로 Buddhagayā라고 한다. 부처님과 많은 다른 부처님들이 도를 증득한 성스러운 곳으로 비하르 주에 있는 가야라는 도시를 말한다. 또 하나는 prithivīya maṇḍa이다. prithivī는 '지구' 혹은 '넓은 세상'이고 maṇḍa는 공양을 지을 때 '보글보글 끓어오르는 밥물'이란 뜻이 있고 '장식' 혹은 '장엄'을 나타내는 말이다. 도량이란 우리가 숨 쉬고 걷고 팔을 펴는 공간으로 그 무엇 하나 버릴 것 없는 도량이 된다. 작열하는 태양과 두렷하게 떠오른 보름달 속에도 기연이 깃들어 있으니 도량이 되기에 부족함이 없다.

서산 스님은 아홉 살에 어머니를 잃고 열 살에 아버지를 잃어 의지처를 잃고 말았다. 글재주가 비상하고 총명함이 뛰어나 고을에 왔던 원님이 데려다가 성균관에 넣어 주었다. 그 후 스승을 따라 전라도로 갔다가 스승이 부모님 상을 당해 한양으로 올라가자 글방 친구들과 같이 산천구경을 나섰다. 그 길로 쌍계사 숭인崇仁 스님을 만나 불경을 배우고 부용영관芙蓉靈觀 선사에게서 선을 배우게 된다. 서산 스님은 낮닭 우는 소리를 듣고 대오하였다. 당시 스님이 읊은 시를 보면,

　　　　머리 희어도 마음은 청춘이라　　　　髮白心非白

일찍이 고인이 말했다고 하네	古人曾漏洩
닭 울음소리 한 번 듣고	今聞一鷄聲
대장부가 할 일을 다 마쳤다네	丈夫能事畢

서산 스님은 임진왜란이 일어나자 예순아홉의 노구를 이끌고 승의병僧義兵을 일으켜 구국의 선봉에 섰다. 이 모습을 보고 명明나라 이여송李如松은 칭송을 아끼지 않았다.

공명을 마다하고 도만 닦더니
나랏일 위급하니 큰스님 나오셨다네.

도량이 청정해야 삼보천룡이 그 곳에 깃든다고 했다. 우리 주변이 청정한지 살펴보자. 우리는 혹여 신념의 노예가 아닌가. 신념이 지나치면 이웃에게는 큰 독이 될 수 있다. 신념은 여백을 지닐 여유를 갖지 못하기 때문이다. 또 우리는 결핍의 시대에 살고 있지 않을까. 신뢰의 결핍이다. 사람의 말에는 신뢰가 결여되어 있다. 행동에는 양보가 결핍되어 있다. 언어에는 겸양이 결핍되어 있다. 뿐만 아니라 현대인에게는 가식이 도처에 도사리고 있다. 그러다 보니 실루엣28마냥 윤곽만 드러나고 이목구비는 묻히고 말았다.

우리가 버르적거리는29 것은 육신의 덫 때문이 아니고 번뇌의 덫에 걸려 있기 때문이다. 이 치유 방법은 도처에 있다. 하찮은 소리에도 도의 이치가 깃들어 있고 삼라만상 두두물물에도 만연해 있다. 산야에 나뒹구는 볼품없는 지질버럭[30] 가운데에도 배우고 익힐 것들이 있으리라. 삼복에 갈증이 심해도 갑시지[31] 않게 천천히 숨을 고르고 마시는 지혜를 익혔다. 독자는 꽃이 지는 소리에 밤을 지새며 뒤척인 적이 있는가.

3장

사색이 있는 풍경

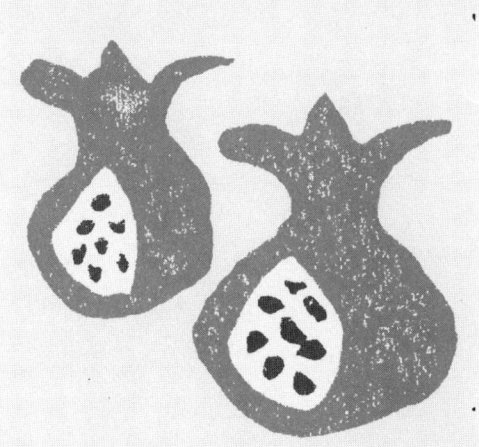

꿈

삼몽사라는 서산 스님의 유명한 시가 절로 나온다.

주인은 길손에게 어젯밤 꿈 얘기 하고	主人夢說客
길손은 주인에게 어젯밤 꿈 얘기 하네	客夢說主人
지금 꿈 얘기 하는 두 길손도	今說二夢客
역시 꿈속의 사람이라네	亦是夢中人

우리는 분명 꿈을 꾸고 있다. 어젯밤의 꿈이 춘몽이라면 인생살이 생·노·병·사의 한 테를 두르는 경우 대몽이라 함이 무방할 것이다. 일상 겪는 일이지만 춘몽같이 허탈한 일도 없는 듯하다. 고대광실에 살기도 하고 고관대작이 되기도 하는 일련의 일들이 찰나에 지나지 않는 춘몽이기 때문이다. 대몽도 춘몽과 별반 다를

바가 없다. 단순히 시간 장단의 차이이다. 그러기에『금강경』에 사구게로 설한 부처님의 가르침이 귓전에 맴돈다.

      일체유위법一切有爲法　여몽환포영如夢幻泡影
      여로역여전如露亦如電　응작여시관應作如是觀

    일체의 유위법, 즉 중생계의 생로병사와 빈부귀천 등은 꿈, 허깨비, 물거품, 그림자, 이슬, 번개와 같다. 마땅히 이와 같이 관찰해야만 그 수행이 올바른 관찰이다.

    범어로 꿈을 꾸다라는 동사는 svap라 한다. 이 말은 '잠을 자다,' '잠에 떨어지다', '눕다'의 의미를 나타낸다. 명사형은 svapna이다. 즉 잠이라는 말이 된다. 꿈을 잠으로 표현하고 있는 것을 보면 잠을 자야만이 꿈을 꾸기 때문이다. 그런데 불교에서는 잠자지 않고도 꿈을 꾸고 있다고 말한다. 세상살이 모두가 꿈이라고. 인연지어진 모든 유위의 것들은 다 꿈이라고 규정하고 있다. 그러나 유위법이 다 꿈이라고 인식하고 있다 하더라도 다수는 인식에 머무를 뿐이고 그에 맞게 실천하는 사람은 흔치 않은 듯하다. 꿈속에서 누린 부귀영화는 영원을 노래하지 못하듯 한 인간의 삶에서도 매 한가지인 것이다.

    일표일납一瓢一衲이라 했던가. 수행자는 표주박 하나와 누더기

한 벌이면 족하다는 말이다. 이 일표일납으로 만족할 줄 아는 사람이야말로 참으로 탈속한 수행자라 하기에 부족함이 없을 것이다.

 우리는 쉼 없이 무엇인가를 갖는다. 물론 필요에 의해서이다. 그런데 갖는다는 것이 그만큼 부자유스러울 때가 있다. 내가 물건을 이용하기보다 물건에 내 마음을 빼앗기는 경우가 허다하기 때문이다. 아무것도 갖지 않을 때 비로소 온 세상을 차지하게 된다는 말은 결코 빈말이 아니다. 역대 성인의 삶이 모두 그렇다. 생각할 줄 아는 사람의 삶이 그렇다. 역사는 변치 않는 강한 교훈을 주고 있다. 당시 누리고 살았던 삶보다 빈궁하고 쪼들린 삶에 자족할 줄 알았던 이들의 모습이 인류의 귀감이 되고 역사의 바른 지표가 되고 있다. 이것이 무소유의 역리逆理이다. 그러므로 수행자는 아무것도 갖지 않아야 참으로 부자인 것이다. 골동품 수집가라고 한들 죽어서 값진 찻잔 하나 가지고 가지 못하고, 부잣집 마나님도 값진 진주 반지 하나 끼고 가지 못한다.

 며칠 전 필자는 스승을 잃었다. 평소 안빈낙도의 삶을 즐겼다. 그 흔한 시계 하나 없었다. 변변한 통장도 없었다. 추운 겨울을 복주감투 하나 없이 나곤 했다. 추운데 왜 방한모를 쓰시지 않느냐고 물은 적이 있다. 삭발한 머리가 출가자의 징표인데 모자를 쓰면 상표가 가려지는 것 아니냐는 반문이셨다. 그도 그럴 일이다. 시계와 통장과 모자가 없는 스승에게 살아생전에 삼무三無스님이란 별호를 붙였던 기억이 난다.

'인생은 빈 술잔, 주단 깔지 않은 층계'라고 쓴 시인의 말이 있다. 비단 깔지 않은 층계를 거친 숨 몰아쉬며 오르내리다 지쳐 그만 쉬고자 스스로 곡기를 끊었던 참도인. 속진의 때 털털 떨치고 바람 따라 구름 따라 고향 길을 찾는 나그네에게 하늘 문이 파랗게 열려 있었다. 나부끼는 만장에서 스승의 유언을 읽는다.

꿈속에서도 그대에게는 할 일이 있다. 포교, 역경, 교학연찬에 매진하라. 이 길이 한국불교의 세계화에 첩경이니…

원앙생! 원앙생! 메아리는 아련히 허공을 맴돌 뿐.

무공덕

어린 시절 삶의 덕목 가운데 하나가 적덕積德이라고 배웠다. 은혜를 많이 베풀어 덕을 쌓는 행위야말로 상대에게 이익을 줄 뿐만 아니라 자신의 미래를 안락하게 하는 초석이 된다는 가르침이었다. 그런데 덕이란 주관적이다 보니 받는 쪽이 별반 관심이 없을 수도 있고 또한 부족하다고 불편함을 느끼지 않을 경우도 더러 있다.

그러나 부처님의 공덕은 언제나 어디서나 통하는 힘이요 덕행이다. 공덕이라는 말은 『화엄경』을 비롯한 많은 경전에 무수히 기술되어 있다. 무제와 달마의 만남에서 공덕에 대한 내용이 인구에 회자되고 있다. 『전법정종기傳法正宗記』 9권은 불일설숭(佛日契嵩, 1007~1072)이 저술하였다. 내용은 부법상승의 차례를 인도로부터 시작하여 동토 6조까지 상세하게 기술하고, 선종 전등설의 정통설을 주장할 목적으로 저술하였다. 이 책 「달마장」, 『벽암록』 제1칙

등에 부분적으로 인용되어 있다.

양무제가 달마에게 물었다.
"짐이 즉위한 이래로 절을 짓고 경전을 사경하고 승려를 육성한 것은 이루 다 언급할 수 없을 정도입니다. 어떤 공덕이 있는 것입니까?"
달마가 말했다.
"무공덕입니다."
황제가 물었다.
"어째서 무공덕입니까?"
달마가 말했다.
"그것은 단지 인간과 천상에 태어나는 작은 과보로서 유루복덕의 인에 불과합니다. 마치 형체를 따르는 그림자와 같아서 비록 과보가 있다고 해도 진실한 과보는 없는 것입니다."
황제가 물었다.
"그러면 진실한 공덕은 무엇입니까?"
달마가 말했다.
"청정한 지혜는 미묘하고 원만하여 그 자체가 공적합니다. 이와 같은 공덕은 세속에서 구할 수 있는 것이 아닙니다."

자신의 말을 이해하지 못하는 무제의 언행에 달마는 시절인연이 닿지 않았음을 알고 갈대 잎에 몸을 의탁하고 양자강을 거슬러 북위로 향하였다. 후일 이 모습은 노엽달마도蘆葉達摩圖로 표현되고 있다. 당시 달마의 가르침을 이해할 수 없었던 무제는 후일 달마의 입적 소식을 듣고 친히 달마의 비문을 지어 사모의 정을 토로하였다.

여기서 달마의 무공덕無功德을 재음미해 보고자 한다. 공덕은 범어로 puṇya라 한다. puṇya는 '길조'이고 '경사스럽고 도덕적인 공로'이고 '종교적인 공적'을 뜻하는 말이다. 무공덕이란 공덕이 없다는 말은 아니라고 본다. 범어의 mū는 '침묵'이라든가 '(혀를) 묶어 놓다'라는 뜻이기 때문이다. 달마의 무공덕은 공덕이 있다든가 없다는 말이 아니다. 있다, 없다의 상대를 떠난 절대 무無라고 보아야 옳은 견해라고 본다.

예화를 들어 보면 『무문관』 제1칙 조주구자趙州狗子에서도 "개에게 불성이 있느냐, 없느냐?"는 납자의 질문에 조주는 "무無"라고 답한다. 이때 무는 있다든가 혹은 없다는 상대적 개념을 떠난 절대 무가 아니던가.

아울러 『화엄경』에서 10지보살이 되면 무생심無生心[1]을 얻는다고 하였다. 여기서도 무생이란 생이 없다는 말이 아니고 생과 사를 벗어난 절대의 진리를 말한다. 불자들이 암송하고 있는 「이산혜연선사발원문」에 "…무생법인 이룬 뒤에…"에서 무생법인無生法忍이란 불생불멸의 이치에 철저한 깨달음을 말한다.

지에밥[2]의 고소한 맛은 혀로 느끼겠지만 이제 조주의 무나 『화엄경』의 무생심이나 「발원문」의 무생법인에서 보이는 무의 이해는 전신으로 체득할 일이다.

일전에 한 위정자의 기도 모습에서 느낀 바가 많았다. 달마가 무제의 위세에 위축되지 않고 늠름凜凜하게 법을 폈던 그 자태가 우리에게 시사하는 바 크다. 불교는 회오리밤[3]마냥 밤송이 속에 외톨로 들어앉아 있는 밤은 아니지 않은가. 또한 지어농조池漁籠鳥[4]도 아니다.

생색내지 않는 삶

　수년 전의 일로 기억된다. 세계 불교학술대회가 타이의 수도 방콕에 있는 국립 출라롱콘 대학에서 개최되었다. 그 국립대학에서 장엄하게 모셔진 불경의 경장經藏을 볼 수 있었다. 여느 대학에서 볼 수 없는 특이한 광경이었다. 학생은 물론이고 온 국민이 불교도인 듯하였다. 합장하는 모습이 몸에 배어 있었고, 그런가 하면 얼굴에는 편안함이 깃들어 있기도 했다.
　관광지로 유명한 치앙마이 한 계곡에서 목욕하며 노동 후의 즐거움을 만끽하고 있던 코끼리들의 여유로움이 이 나라에서나 느끼는 목가적인 풍경이었다. 저 코끼리는 더 이상 바랄 것이 무엇일까 생각해 보았다. 말을 할 줄 하는 코끼리가 있다면 나에게 휴식과 먹거리밖에 바랄 것이 없다고 말할 것만 같다.
　그 평온을 유지하던 타이에 물이 범람하여 국민 생활이 위협을 받고 있으며 소중한 불교 문화재가 막대한 손실을 보게 되었다고 연일 보도되고 있다. 그 결과 세계 쌀 생산국으로 꼽히는 나라에서 쌀값이 폭등하였으며, 전자제품이나 자동차 부품 생산에 차질이 생겨 세계 경제를 암울하게 하고 있다고 한다.

원래 하늘과 땅은 말이 없다. 무엇을 바라지도 않는다. 중국의 천자들은 나라를 통치함에 치산치수治山治水를 제일과제로 여겼다. 산림녹화사업과 관개수로를 원활히 소통되게 하는 것이다. 중국말에 메이파쯔(沒法子)[5]라는 말이 있다. '어찌 할 수 없다'거나 '그럴 수밖에'라는 의미가 있다. 인간의 힘으로는 불가항력이라는 말이다. 물을 다스린다는 것이 비단 옛 일만이 아니고, 오늘날에도 대등한 과제로 남아 있다.

하夏나라 우왕禹王은 하남성 용문산의 폭포를 3단으로 나누어 가로막아 홍수를 피할 수 있게 했다. 3월 3일 꽃피는 계절이 되면 잉어가 그 3단의 폭포를 오른다는 전설이 있다. 그 세 단을 다 오르고 나면 그 잉어는 용이 되어 승천한다고 한다. 그러나 채 오르지 못한 잉어는 바위에 부딪치기도 하고 가시덤불에 할퀴기도 하여 온몸에 상처만 남기게 된다고 한다. 그러한 물고기를 점액點額[6]이라고 한다. 온몸이 상처투성이가 된 잉어는 힘없이 하류로 밀려가는 경우가 더 많을 것이다.

천자는 자연재해를 염려하고 성인은 인간의 심성을 걱정한다. 영가현각은 「증도가」에서 "깨달음이란 곧 마침이다. 공을 들이지 않는다. 온갖 유위법과는 같지 않다. 생색내는 보시는 하늘나라 가는 복이요, 그건 활을 겨누어 허공에 쏘는 것과 같다. 세력이 다하면 활이 도로 떨어지듯 다음 생에 뜻하지 않음을 받는다."라고 하였다.

유위법이란 현상계를 말하며, 미혹한 세계에 나타나는 현상들을 말한다. 유위복도 또한 다를 바 없다. 세월의 흐름 속에 마침내 끝이 보인다. 그러기에 유위복을 '수행인에게 있어서 복은 삼세의 원수다'라고 말하기도 한다. 아니, 그 좋다는 복이 왜 삼세의 원수가 되는가. 첫째는 복을 짓느라 한 생을 보내게 된다고 한다. 둘째는 복을 쓰느라 한 생을 보내게 되며, 셋째는 복을 다 쓰고 나면 다시 박복하게 한 생을 보내게 되기 때문에 3생을 복 때문에 헛된 세월을 보내게 된다는 것이다.

그러나 진리를 일깨워 주는 법보시는 그 결과가 깨달음이요, 해탈이다. 유한을 탈각한 무한의 행복과 영광을 안겨준다. 정법이 있고 올바른 가르침이 있는 곳에는 불보살이 함께하고, 선신들이 그곳을 옹호한다.

선사들의 수행 모습에서 공통점이 발견된다. 선사들은 한결같이 기복祈福하는 일이 없다. 오직 지금 하고 있는 일에 최선을 다하고 있는가만 점검했을 뿐이다. 지금 이 시간이야말로 무엇과 비교할 수도 없고 무엇과 거래할 수도 없는 유일무이한 시간이기 때문이다. 주어진 지금을 낭비하지 않고 잘 활용하는 것만이 비전 있는 삶이라고 확신하였을 것이다.

　침묵하는 산을 본다. 말에 민감한 반응을 보이는 인간을 본다. 자연은 말없이 순환의 질서를 지킨다. 과시한다거나 추월하지 않는다. 그러므로 인간은 자연 앞에서 경외심을 갖는다. 자기표현을 열심히 하는 인간 세상에서는 나를 알아 달라는 말이나 행동이 앞서는 것 같다. 이 조건이 충족되지 않으면 토라지기도 하고 마침내 결별이란 수순을 밟기도 한다.

　씨앗으로 번식되는 식물이 어찌 한두 가지뿐이랴. 괴목의 씨앗은 크기가 4mm인데 나무의 크기는 엄청나다. 어느 때인지 모르겠는데 씨앗은 바람결에 날아와 산모퉁이에 자리를 잡았다. 그 나무를 보살필 수 있는 일이란 고작 눈길을 주고 옹이가 생기지 않게 가지를 잘 쳐주는 일이다. 그런데 몇 년 사이 두 손으로 감쌀 수 없도록 밑둥치[7]가 크게 자랐다. 괴목의 씨앗은 생색을 내지 않았다. 생색은 작을수록 그 결과는 크게 결실을 맺는다는 이치를 괴목에게서 배운다.

상락아정

지난 주말에 오랜만에 지방에 갈 일이 있었다. 상춘常春의 의미를 맘껏 누릴 수 있는 시간이었다. 어느 결에 생명 있는 것들은 이제 차렵저고리[8]를 고이 접어두고 대지 위에 아금받아[9] 자리 잡고 각기 제 모습을 드러내고 있다.

봄은 눈을 즐겁게 하는 계절인가 보다. 산천에는 물감을 뿌려 놓은 듯 꽃이 만개하였다. 아니, 눈만 즐겁게 하느냐고 섭섭해 할까봐 귀를 즐겁게 하기도 한다. 새들의 노랫소리다. 저 소리는 가히 천상의 소리요 인간이 범접하기 어려운 화음이기도 하다. 코끝을 스치는 향 역시 더도 덜도 않고 마침맞다. 도회지에서 길을 걷거나 혹은 대중교통을 이용할 때 맡는 문뱃내[10]와는 사뭇 다르다. 그렇다고 코를 찌르는 듯한 값비싼 향수도 아니다. 자연의 향기, 이는 분명 코를 즐겁게 한다. 또한 육신의 근육을 단련하고자 휘

이휘이 산을 오르는 숨결에서 신체의 강건함을 느끼기도 한다. 그런데 마음은 어떻게 즐거움을 느낄까. 절기 따라 유행 따라 갈아입는 새 옷에서 순간의 즐거움을 느끼듯이 느끼는 것이 아니다. 여기에 해답을 제시한 부처님 말씀이 있다.

부처님이 입멸에 즈음하여 설한 경전이 『대반열반경大般涅槃經』이다. 경 권2에서 상락아정이란 가르침을 설하고 있다.

상常이란 상주불변한다는 뜻이다. 열반이란 시간과 공간을 초월한 생멸이나 변화가 없는 덕을 구비함을 나타낸 것이다. nitya라 하여 '본래적'이고 '영속적'이란 말이다.

낙樂은 안락이란 말이다. 생멸이나 변화가 없는 세계에는 생사를 만나는 고도 없고 적정무위한 안락의 덕을 구비한 것이다. sukha라 하여 '행복하고 순조롭다'는 말이다.

아我란 진아를 말한다. 진아는 망집의 나를 떠난 무애자재한 본성의 덕을 구비하고 있다. aham이라 하며 ah는 '말하다', '표현하다'이고 aha는 '확실하게', '분명하게'라는 뜻이 된다. ah와 am을 합해 보면 '내가 말하는 데 있어서…'의 의미를 지닌다. '자아'이고 '우주적인 대아'를 말한다.

정淨은 청정하다는 뜻이다. 즉 번뇌 망상의 더러움을 멸각한 청정무구의 덕을 구비한 것이다. subha라 하여 상서로운 성수星宿를 말한다. 우리말로 미리내[11]이다. 아마 은하계에는 작은 티끌 하나 없는 모양이다.

다수의 독자들은 '대반 열반경'이라고 떼어 읽으리라고 생각된다. 그러나 '대 반열반경'이라고 읽어야 바르게 읽는 게 된다. 왜냐하면 반열반이란 말이 있기 때문이다. 반열반(pari-nirvāṇa)에는 두 가지 의미가 있다. 하나는 '완전히 끄다'라는 뜻이고 다른 하나는 '윤회의 완전한 정지'를 나타낸 말이기도 하다.

인도의 전통 바라문에서는 절대적인 실재의 존재를 인정하고 있다. 이것을 '영혼아'라고 하고 있다. 이 영혼아가 천지우주를 만들었으며 자기 마음 가운데 있어 지배하고 있다고 생각하였다. 불교의 입장에서 보면 이는 모두 인간이 제멋대로 추정하여 생각한 존재이다. 이러한 고정된 사고를 불식시키기 위하여 부처님은 삼법인의 기치를 높이 들었다. 제행무상·제법무아·일체개고이다.

안이비설신의가 각각의 대상을 만나면 뿔뿔이 자기 장단에 맞추어 놀아난다. 대상은 사물일 수도 있고 절기일 수도 있고 사유작용에서 나타나는 가지가지의 형상일 수도 있다. 마음이 쉴 수 있는 곳, 마음이 안락을 얻을 수 있는 절묘한 방안은 상락아정의 바른 증득에서이다. 항상 꽃피는 봄이 있고 열락悅樂의 새들이 노래하는 곳은 바로 발밑에도 있고 손끝에도 있다. 혹시 우리는 삶의 진미를 바로 고섶[12]에 두고 힘겹게 찾아 헤매고 있는 것은 아닐까 생각해 본다.

자신을 외경外境의 경매시장에 내놓고 헐값에 팔아넘기고 살지 않는가. 외경에 지배당하고 있는 자신을 발견한 적이 없는가. 마음

작용은 무한대로 방심을 허용하고 있다. 아마 마음같이 방대한 작용도 드문 듯하다. 항상 챙기고 추스르는 작용이 선행되지 않으면 이내 망심의 노예가 되고 만다. 아침 햇살이 좁은 꿰방[13] 사이를 헤집고 들듯이 망심을 투과시켜야 한다.

꽃망울이 터지는 소리를 들어 본다. 태고의 소리도 아니요 나의 숨결도 아닌, 그렇다고 당신의 숨결도 아니다. 우주의 소리다. 자연의 소리다. 엄마 품을 나온 햇병아리가 낯선 햇살을 쪼아대고 있는 소리 또한 우주의 소리다. 생명의 소리다.

자연은 절대로 거짓말을 허용하지 않는다는 불변의 법칙을 확인한 주말의 여정이었다.

주객 합일

　공부를 하는 것은 어느 경지에 도달하고자 하는 과정이다. 그 과정 가운데 겪는 일은 한두 가지가 아니다. 기후가 주는 변화, 주변 환경이 주는 영향, 들끓는 심경의 변화 등 이루 헤아리기가 쉽지 않다. 이러한 과정을 이겨내는 길은 단연 인욕이 으뜸이다. 사바세계의 saha는 '참는다'는 뜻이다. 그러므로 불제자의 길을 가는 사람이라면 응당 세상사를 참고 살아가는 슬기로움을 지녀야 한다고 본다.

　참을 줄 아는 사람은 정상을 정복한 묘미를 맛볼 수 있다. 가다가 중도에 그치면 시작하지 않은 것이나 결과적으로 하나 다를 바 없다. 일가一家를 이룬 사람의 경우 공통점이 있음을 발견할 수 있다. 쉼 없이 자기 길을 뚜벅뚜벅 걷고 곁눈질도 하지 않았음을 알게 된다.

소리꾼의 모습에서도 찾아볼 수 있다. 판소리는 조선조 중엽 이후 가곡과 함께 성행해 오늘날까지 민속악 부문의 절대적인 자리를 차지하고 있다. 향토적인 선율을 토대로 진양조·중모리·자진모리 등 여러 가지 장단에 의해 부단히 변화를 주고 있다. 아니리[14]와 발림[15]으로 극적인 효과를 거두는 점은 판소리만이 갖는 특징이다.

판소리라 하면 당연히 추임새를 연상하게 된다. 추임새는 고수鼓手가 중간 중간에 흥을 돋우기 위해 삽입하는 탄성으로서 '좋다', '으이', '얼씨구' 등을 말한다. 고수의 역할이 지대하기 때문에 일고수一鼓手, 이명창二名唱이란 말이 통용되고 있다. 아니리는 창을 하는 중간에 장면의 변화나 정경 묘사를 위해 이야기하듯 엮어 나가는 창이 아닌 말이다. 발림 또한 극적인 효과를 위해 창 하는 사람이 곁들이는 몸짓이나 손짓으로 너름새라고도 한다. 명창이 부채를 들고 펴기도 하고 접기도 하는 행위이다. 서양의 오페라나 오케스트라와 견줄 만한 차원 높은 예술작품이라 할 만하다.

명창의 툭 트인 소리만으로 무대가 가득 채워질까? 아니다. 고수의 호흡이 깃들어 어우러질 때만이 가능한 일이다. 혼연일체란 객석에서의 호응이 더할 때 가능한 일이다.

『도회보감圖繪寶鑑』에는 「역대명화기歷代名畵記」가 있다. 그 가운데 대숭大崇이란 화가의 일화가 있다. 그는 스승 한광에게서 그림을 배웠는데 재주가 없어 늘 꾸지람을 듣곤 했다. 하지만 그는 목동과 소를 잘 그려 스승도 견주지 못할 정도였다. 특히 소의 담홍색 눈을 신비롭게 그렸다고 한다.

단청(丹靑)16이란 그림을 말하는데 원래 붉음(赤)과 푸름(靑)을 말했으나 그림을 의미하는 뜻으로 쓰였다. 색채를 잘 써서 그림의 오묘한 묘사를 하는 동작을 은유한 말로 대숭이 그렇게 했다고 한다. 「십우도」에 대숭종차묘단청(大崇從此妙丹靑)이란 말은 '화공 대숭이 이로부터 멋진 그림을 그렸다네'라는 말이다.

대숭에게 목동이나 소는 그의 대상이 아니다. 목동이나 소는 그의 붓 끝에 녹아들어 붓 가는 대로 목동이 나오고 소가 생동했던 것이다.

시험이란 학교라는 국한된 공간에서만 치러지지 않는다. 세상 도처에서 시험이 치러지고 있다. 학교에서의 시험이라야 범위가 배운 데서 배운 데까지이다. 그러나 세상에서 겪어야 하는 시험범위는 무한대이다. 도시 예상하지도 못했던 일들이 불거져 나오기도 한다.

저 사람의 됨됨이가 어떠한지 시험해 보고자 하면 일차적으로 먼 곳에 심부름을 보내보라고 한다. 그렇게 함으로써 그 사람의 충성심을 알아볼 수 있다고 한다. 곁에 두고 일을 시켜 보면 공경심이 어떠한지 살필 수 있다고 한다. 그리고 어려운 일을 시켜 보면 그의 재능을 파악할 수 있다고 한다. 술을 많이 마시게 한 후에 그의 거동을 보면 그의 위의가 흐트러지지 않았는가 살펴볼 수 있으며, 남녀가 함께 어울리는 곳에 보내 지조를 살펴볼 수 있다고 한다.

우리는 지금 어느 조직의 보스로부터 이러한 시험을 치르고 있는 수험생이 아닌지 자기 성찰이 따라야 할 것이다. 이러한 시험이야말로 매섭고 어려운 시험이 아니겠는가.

절기에는 춘하추동이 있고 조석의 구별도 뚜렷하다. 사람은 외모만 보고 속마음을 알기는 어렵다. 인간의 마음은 원숭이가 재주 부리는 것과 흡사해 가만히 있기를 거부한다. 잠시도 쉬지 않고 연속적으로 움직인다.

합일이란 안정을 의미하고 편안함이다. 나와 화두가 어울림이 없이 각각 떠돌아다니다가 어느 때가 되면 나와 화두는 주객이 아닌 합일 상태에 들어간다. 간화선이란 나와 화두의 개합을 말하며 개합 없이 전진을 기대하기란 어려운 일이다.

물건이 깨어지듯이 뭔가가 깨지고, 풍선이 터지듯이 뭔가가 터지는 것을 도를 깨닫는 것쯤으로 착각을 하며 살고 있지나 않은지 면밀히 살펴볼 일이다. 옛 선사들의 표현방식에 착각을 일으키고 있는 것은 아닌지 알음알이[17]에 집착해 거기에 머무르면 그 알음알이가 나를 망치게 된다. 알음알이를 형상화시켜서는 안 되는 것은 신기루와 같기 때문이다.

아직 여기에 있는가

　강보에 싸여 나비잠[18]을 자고 있는 아이의 모습에서 편안함을 새삼 느끼게 된다. 누구나 그 시절이 있었건만 인간은 누가 앗아가지 않은 그 편안함을 어찌하여 잃었을까. 우리가 정작 아쉽고 그리운 것은 잃어버린 것에 대한 진한 향수가 아닐까 한다.
　거리에서 분주히 걷고 있는 행인을 본다. 그들에게서 편안함이나 여유란 찾아보기 힘들다. 무엇에 홀린 듯 마냥 앞으로만 달려간다. 앞은 오직 서성거림이 주관하는 세계다. 앞은 경쟁이 치성한 세계이다. 반면에 뒤는 여유가 있고, 느긋하게 관조할 수 있는 세계이다. 우리는 왜 앞에만 길들여져 있고 그 좋은 뒤는 낯설고 패자의 세계라고 치부하는지 모르겠다. 그러다 보니 항시 채워도 다 채워지지 않은 걸인의 동냥주머니마냥 허기를 채우기가 힘들어진다.

경이로움은 생성과 소멸에서만 엿볼 수 있는 것이 아니다. 경이로움은 실험실에서나 일어나는 현상이라고 생각하기 쉬우나 일상생활에서나 혹은 자신에게서 쉼 없이 일어나고 있는 일이다.

우리가 매일 사용하고 있는 비누를 보자. 사용하다 보면 비눗방울이 무수히 일어났다 이내 사라진다. 비눗방울의 생성과 소멸이 순간에 일어나고 있지만 그 상황을 경이로움으로 받아들이는 경우는 흔치 않다. 이웃집에 아이가 탄생하였다든가, 열심히 노력하여 신분상승을 하였다는 사실도 경이로움임에 분명하다. 그러나 나와는 별반 관계없는 일인 양 지나치고 만다. 육신에서 일어나는 신비한 경험도 빼놓을 수 없다. 노화라는 것이다. 노화는 사념思念의 대상이 아니라 기적과 같은 것이다. 어제의 검은 머리가 반백으로, 반백에서 백발이 되어 가는 현상은 분명히 기적임에 틀림없다. 보폭을 넓혀도 민첩했던 걸음걸이가 세월의 무게에 눌려 지팡이에 의지하거나 아니면 히뜩거리고[19] 마는 것도 경이로움이다. 이러한 현상을 거부해서는 안 된다. 순응이란 이러한 현상을 받아들이는 데 합당한 말이 아닐까 한다.

농부는 장마에 대비해 논둑이 무너지지 않도록 편비내[20]를 서두른다. 그런데 사람들은 자기방어에 무방비 상태로 노출되는 경우가 허다하다. 외부의 유혹이 엄습하여도 방어할 태세를 갖추기조차 하지 않는다. 임시변통으로 순간순간을 모면하면 그만이라는 생각이 앞서기 때문이다.

임제 선사에게는 아주 이상한 버릇이 하나 있었다. 아침에 잠에서 깨어날 때마다 선사는 이렇게 묻곤 했다.

"임제, 자네 아직 여기에 있는가?"

그러면 제자들은 눈을 휘둥그렇게 뜨고 스승에게 물었다.

"이게 무슨 말도 안 되는 짓입니까?"

"나는 언젠가 이런 대답이 나오는 순간을 기다리고 있을 뿐이다. '아니, 존재계만 있을 뿐 임제는 없다네.'"

인간은 의식이 도달할 수 있는 궁극의 정점에 도달하지 못한 채 어두운 길목을 배회하는 나그네이다. 임제 선사는 바로 이러한 점에 철저한 자기점검이 따랐던 것이다. 이렇게 되려면 철저하게 무관심해야 한다.

사무량심 가운데 사가 있다. 버릴 사捨라는 말은 말같이 쉽지 않다. 범어로 upeksha라고 하는데 '간과하다', '무관심하다'라는 뜻이다. 사념과 사념 사이에 거리감이 생기면서 사념에 전해지던 모든 에너지가 차단되어 결국 마음의 평정을 얻는다고 가르치고 있다. 마음에 대해서 무관심해진다는 말이다.

어느 날 한 남자가 에머슨Emerson에게 물었다.

"당신은 몇 살입니까?"

그가 대답했다.

"거의 삼백육십 살쯤 되었지요."

남자는 자신의 귀를 의심했다. 에머슨은 진실만을 말하는 사람이라고 믿어 왔는데, 지금 이 사람이 무슨 말을 하는 것이지? 이 사람이 농담을 하고 있는 것인가? 남자는 의심에 찬 나머지 에머슨의 말을 알아듣지 못한 척하며 다시 말했다.

"당신이 뭐라고 했는지 듣지 못했습니다. 몇 살이라고 하셨지요?"

"당신은 내 말을 알아들었잖습니까? 나는 삼백육십 살쯤 되었습니다."

"믿을 수 없네요. 당신은 겨우 육십 살 정도로 보이는데, 무슨 말씀입니까?"

"나는 육십 년을 살았습니다. 당신의 말이 맞아요. 하지만 나의 육십 년은 남들의 삼백육십 년보다 훨씬 더 강렬했습니다. 나는 여섯 배나 더 강한 삶을 살아온 셈입니다."

x축이 수평이고 y축이 수직이라면 수평선상에서는 관능과 온갖 욕심과 시기 질투를 어리장수[21]마냥 고되게 지고 가는 것이고, 수직선상은 진리에 대한 탐구와 삶에 대한 탐구로 가득한 것이다. 수직선상에서는 숫자로 나이를 세지 않고 경험으로 나이를 센다. 경험이란 신성한 체험을 말한다. 신성한 체험에는 미움이 전혀 없는 순수함 자체이다. 휴화산이 활화산이 되어 용암이 솟구치는 그런 현상, 그것은 경이로운 깨달음 세계의 현상이다.

너 어디 가니

비단 새해 벽두라서 저리 바쁜 것만은 아니다. 언제 보아도 행인들의 모습은 분주하다. 아마 사업·직장일·여행·지인과의 만남 등 다양한 대상을 염두에 두고 움직일 것이다.

선禪에 대한 이야기를 소개하고자 한다.

경쟁관계에 있는 두 절이 있었는데, 양쪽 절에는 오랫동안 수행한 큰스님들이 있었다. 그런데 서로를 적대시한 나머지 제자들에게 상대편 절은 쳐다보지도 말라고 엄히 단속했다. 두 절의 스님들에게 시자가 있어 이런저런 심부름을 했다. 한쪽 절의 스님은 시자에게 늘 말했다.

"저쪽 절의 사람들과는 말도 하지 마라. 모두 위험한 인물들이니라."

그러나 아이는 아이였다. 어느 날 두 시자가 길에서 우연히 마주쳤다. 저쪽 절의 시자가 말을 걸었다.

"너 어디 가니?"

그러자 상대 절의 시자가 대답했다.

"바람이 데리고 가는 곳이면 어디든."

크나큰 뜻이 담겨 있는 말이고, 참 도가 담긴 말이었다.

대답이 이러하자 질문을 한 시자는 당혹스럽기 그지없었다. 마땅한 말이 생각나지 않아 화가 치솟았다. 속상하기도 하고 분노가 일어나기도 하면서 동시에 스님의 말씀을 거역한 것에 대한 죄책감도 들었다.

'아, 스승님께서는 이런 사람들과 절대 이야기도 하지 말라고 하셨는데, 겪어 보니 정말 위험하기 짝이 없구나. 그런데 과연 이런 말에는 뭐라고 대답해야 하지?'

곧장 시자는 스승에게 달려가서 방금 전의 일을 고했다.

"죄송합니다, 스승님. 제가 저쪽 절의 시자와 말을 하고 말았습니다. 아주 이상한 아이였습니다. 그런데 도대체 이런 경우에는 뭐라고 대답해야 합니까? 제가 '어디 가니?' 하고 물었습니다. 그저 인사로 한 말이었습니다. 그 아이가 시장에 가고 있는 것을 알았으니까요. 저도 시장에 가던 중이었습니다. 그런데 이렇게 대답하는 것이 아니겠습니까? '바람이 데리고 가는 곳은 어디든.'"

이 말을 듣고 스승은 말했다.

"그토록 경고를 했건만 귀담아 듣지 않았구나. 자, 명심해라. 내

일 그 길에 서 있다가 그 시자를 만나면 똑같이 물어라. '어디 가니?' 그 시자가 '바람이 데리고 가는 곳이면 어디든'이라고 말하면 너도 약간 철학적인 말을 하면 된다. '두 다리가 없다면 어떻게 할 건데?'라고 말해라."

시자는 신이 나 그 장소에 나가 기다렸다. 다시 저쪽 절의 시자를 만나 물었다.

"너 어디 가니?"

그리고 같은 대답이 나오길 기다렸다.

그런데 상대편 시자는 이렇게 대답했다.

"응, 시장에 야채 사러 가."

인생은 이와 같다. 삶에 무슨 대비를 할 수 있겠는가? 그렇기에 인생은 아름답고 경이롭다. 대비할 수 없는 인생이란 무기력하다는 것만은 아니다. 대비할 수 없는 삶이니까 오늘을 열심히 사는 것이다. 지금이야말로 내가 쓸 수 있는 수중에 쥔 시간이다.

새해가 되면 선물을 주고받는다. 사람마다 진짜를 받고자 하지만 그 진짜는 누가 주는 것이 아니다. 그 진짜는 이미 내 안에 있으며 진짜를 가리고 있는 가짜를 벗겨내기만 하면 된다. 내 마음속의 부처님이 진불眞佛이다. 마음속의 진불을 뒷전에 두고 우리는 어디를 향해 분주히 걷고 있는가. 그리 대단하지 않은 얻은 잠방이[22]를 소중히 여기는 주변 사람을 보고 있노라면 부질없어 보인다.

우리는 세상에 태어날 때 뛰어난 감수성을 갖고 이 세상에 왔다. 눈물샘은 감수성의 출구다. 눈물샘이 굳지 않은 사람의 눈은 반짝인다. 영롱하다. 순진무구한 아이의 눈을 보아라. 그런데 성장하면서 거짓 인격이란 허울을 뒤집어쓴다. 어느 결에 우리는 반드시 없어져야만 하는 것을 입는 것이다. 거짓 인격이 오래 머무르면 그 힘이 강력해지기 때문에 빨리 잃을수록 좋다.

금년에 누군가가 여러분에게, "너 어디 가니?"라고 물으면, "응, 진불 찾으러."라고 통쾌하게 말하자.

감로

　뒷산에 오르면 시선을 끄는 꽃이 있다. 싸리나무 꽃이다. 잎은 세 잎이고 짙은 자색과 홍자색이 앙상블을 이룬다. 조물주는 분주히 채필彩筆23을 번갈아 들며 저리도 절묘하게 색의 조화를 배합해 냈을까. 그렇게 되기에는 자연의 내적인 지침에 철저히 따랐을 것이다. 비단 자태를 뽐내는 꽃이 아니라 하더라도 육중한 바위나 아니면 소나무의 한 가지에서도, 변화무쌍한 죽순에서도 나의 사색의 촉수觸手는 방위에 무관하게 자유로움을 노래한다.

　며칠 전 정동진을 지나 양양으로 가는 길 내내 안개가 엄습하였다. 아침 시간이라면 몰라도 오후인데도 사방을 안개로 수놓으니 무릉도원이 따로 있지 않고 내가 숨 쉬고 있는 이곳이 바로 도원이구나 여겨졌다. 어느메쯤24 가다 보면 무지개가 바다에 뿌리를 내리기도 하고 또 가다 보면 하늘에선 감로수가 내려 초록의 윤기를 더욱 빛나게 하였다.

  감로라는 말은 범어로 amṛita이다. mṛita가 죽음인데, 부정의 접두사 a를 더하여 '불멸의', '초목의 뿌리', '알코올 성분이 많은 술'을 의미한다. 감로는 제천諸天이 사용하는 음료수이고 또한 불로불사한다고도 한다. 불교 이전부터 제천의 음료로서 소마주soma酒를 마시면 불사不死한다는 신앙이 있었다. 사람들은 이것을 천주天酒라 하여 불사의 이상경이라 하였으며 불교에서는 주로 열반을 표현하는 말이 되었다. 불교에서 감로는 도솔천의 달콤한 영액靈液이라고 생각하였다. 그래서 고뇌를 치유하고 수명을 연장하며 사자死者를 소생시키는 최고의 자미滋味에 비유하였다.

  부처님의 깨달음의 경계에 들어가는 문을 감로문甘露門이라고 한다. 선문에서 감로문이라고 하면 기량器量이 뛰어난 선승의 교화 방법을 말하는 경우가 있고, 다른 하나는 수행자를 교육하는 데 딱 맞는 덕 높은 선승을 말하는 경우가 있다.

  감로계甘露界라고 하면 불교 이전의 바라문 철학시대부터 전승된 이상理想의 경지로서 불교에 유입되어 죽음으로부터 해탈한 열반의 세계를 의미하게 되었다.

  고대 인도인이 최고 깨달음의 경지를 달콤한 술로 표현한 것은 매우 흥미로운 일이다. 깨달음이란 단적으로 말하면 자기의 본래성本來性을 깨닫는 것이다. 자기의 본래성이란 도대체 뭔가를 파악할 수 있는 것인가가 깨달음의 문이고, 깨달음의 경지에 도달하였는가 하는 것이다. 이 깨달음의 경지는 어떤 상황인가. 그것을 분석하면 문제는 간단히 해결될 수 있다. 그러나 그것을 명쾌하게 파악한다는 것은 쉬운 일이 아니다.

선에서는 깨달음의 진실한 상태를 위음이전威音以前[25]이라고 표현하였다. 위음이란 위음왕불威音王佛로서『법화경』「상불경보살품常不輕菩薩品」에 나오는 부처님을 말한다. 위음왕불 이전의 일이란 일체의 차별이나 대립이 나타나기 이전의 세계이다. 그 세계를 인간의 본래성에 비유하여 설한 것이 위음왕불 이전이다.

더위가 턱턱 숨차게 하다 보면 자연 청량음료를 찾게 된다. 손에 쥔 음료로 갈증도 해소되고 답답했던 가슴도 뻥 뚫릴 것이다. 그런데 날씨와 무관하게 머리가 지끈거리고 답답한 가슴을 가누기 어려운 경우도 허다하다. 이럴 때 감로법문이 단비 내리듯 한다면 해소될 수 있을 터인데 할 것이다. 감로법문은 신들이 마시는 소마주에 비유하여 말하기도 한다.『장아함경』에 "내가 너희들을 가엾이 여겨 지금 감로법문을 설한다."고 말했다.

필자는 일상에서 황금분할黃金分割을 생각한다. 대소의 비는 약 1.618 대 1이다. 일상에서 절망과 희망, 행복과 불행, 정의와 불의, 넘침과 모자람 등이 동반하고 있다. 행복한 사람에게 불행은 전혀 없는 듯하지만 그렇지만은 않다. 그에게도 불행이 동반한다. 희망과 절망 또한 그렇다. 그렇다면 그 무엇에 일희일비할 것이 있겠는가. 찰나의 일들인 것을.

만일 누군가가 콧등 위에 막대기를 세울 수 있겠느냐고 한다면 이내 고개를 저을 것이다. 그러나 생각을 바꾸어 보라. 누가 서서만이라고 단서를 달지 않았는데도 누워서 세우기를 할 엄두를 내지 않는다. 누가 그대에게 올가미를 씌웠던가. 이는 감로법문을 체득하지 못한 중생의 허상에서 연유한다.

주인공

  우리가 잃어버린 것이 있다. 그것은 그리움이다. 하늘의 영롱한 별을 보고 고사리 같은 손으로 세어 보던 일, 여름밤에 모깃불을 피워 놓고 밭은기침을 하며 뿌연 연기에 눈물을 짜던 일, 몇이서 서리를 하다 주인에게 들켜 나란히 서서 서먹하던 일, 눈 내린 밤의 기적소리, 은죽銀竹이 쏟아지는 여름날 물길 따라 오르고 있는 미꾸라지를 보고 하늘에서 떨어진 줄 알고 신기하게 생각했던 일들이다. 이 모두가 사설私說26이라고 치부해 버리거나 속단하기엔 그리움의 농도가 너무 진하다.

  삼국통일의 기수 장군 김유신은 군사를 거느리고 고향마을을 지난 일이 있다. 대열에서 조금 벗어나 문을 두드리기만 하면 그리운 어머니의 얼굴을 볼 수 있었으나, 부하를 시켜 자기 집에 가 간장을 좀 얻어오라고 했을 뿐이었다. 장군은 마상馬上에서 간장을 마셨다. 그 간장 맛이 예와 다름이 없는 것을 알고 노모가 여전하심을 믿었다. 맛의 그리움을 잊지 않았기 때문이다.

원숭이의 뇌는 300cc이고 인간의 뇌는 1500cc라고 한다. 보고 듣고 맛보는 것을 잊고 사는 현대인 모습에서 챙겨야 할 것이 있다.

송나라 무문 스님은 속성이 양梁씨이고 항주抗州 사람이다. 1229년 『선종무문관』을 발행하였다. 스님은 점심공양 시간을 알리는 북소리를 듣고 활연대오하였다고 한다. 공안 48칙이 실려 있는 『무문관』 제12칙은 「암환주인巖喚主人」이다.

서암언瑞巖彦 스님은 매일 스스로 "주인공!" 하고 부르고, 스스로 "예!" 하고 응답하고 이내 말하였다.

"정확히 오도에 이르렀는가?"

"예."

"후일에 남에게 속지 마라."

"예, 예."

스님은 천성이 둔하기 그지없었다고 한다. 멍텅구리인지 천치인지 분간하기 어려운 정도로 아둔패기[27]였다. 그래서 도를 이루기는 어려운 사람이라고 눈총깨나 받았던 모양이다. 어느 날 신도댁에 공양청을 받아 갔는데 함지박에 진주를 내놓으며 골라 갖도록 했다. 여러 수좌들은 다투어 맘에 드는 알을 골라 주머니에 넣었다. 서암언 스님은 뒷전에서 구경만 하다가 누구도 거들떠보지 않았던 알을 집어 제일 마음에 든다고 흡족해 했다.

선에서는 곧잘 소를 등장시키곤 한다. 십우도가 그 좋은 예이다. 소 타고 집에 돌아가는 기우귀가騎牛歸家의 모습에서 여유가 무엇인가를 느끼게 된다. 소는 느리지만 천리를 가고 토끼는 제아무리 빨라도 십리도 못 간다.

주인공主人公이란 우리 마음에 내재해 있는 참마음을 비유한 말이다. 참마음은 누구나 지니고 있는 불성이고 진심眞心이다. 여기서 '주인공'과 '예'를 구별하여 주인공이 주主가 되고 예는 객客이 된다고 알아서는 큰 잘못이다. 화두를 챙긴다는 것도 챙기는 나와 화두 사이에 처음에는 주객의 관계로 마주하나 종국에 가면 나와 화두가 하나가 되는 경지야말로 산 공부가 된다. 이러한 경지를 초월이라고 한다.

그런데 초월에만 머무른다면 공空에 떨어진 것이다. 선에서는 낙공落空을 무척 꺼린다. 초월했으면 당연히 너와 나로 돌아와야 한다. 돌아왔다가는 초월에 이르고 초월했다가는 다시 되돌아온다. 이러한 순환 과정이 없으면 죽은 고목에 지나지 않는다. 바다에 밀물과 썰물의 순환이 없다면 생명의 순환 또한 불가능한 일이다. 순환은 창조를 낳는다. 순환은 생명의 에너지가 된다.

부처님의 마지막 유훈을 생각한다. 자귀의 법등명自歸依 法燈明.

"비구들아! 그 무엇도 아닌 그 누구도 아닌 자기 자신에 의지하라. 그리고 진리의 불을 밝혀라."

혹시 어느 독자는 우리 절 우리 스님만 믿고 있습니까? 서암언 스님이야말로 자신에 의지하기 위하여 부단히 노력했다. 깨어 있는 자신을 잃지 않기 위해서였다. 세상에서 제일 어리석은 사람은 자신을 잃고 사는 사람이다. 일생 하늘을 이고 살면서도 하늘의 높이를 모르고 일생 땅을 밟고 살면서도 땅속 깊이를 모르고 산다. 백번 양보하여 그도 좋다. 그러나 꼭 알아야 할 것은 각자의 주인공 아니던가.

오랫동안 앉아 있어서 지쳤다

　여름 휴가철이다. 주변에 만나는 사람마다 휴가 계획이 어찌 어찌 하다고도 하고, 아니면 휴가 다녀왔느냐는 말이 일상 쓰는 인사말이 되었다. 무슨 일을 그리 많이 하기에 휴식을 취하러 저리 많이 해변에 모일까. 저 군상을 보고 있노라면 그들과는 동떨어진 세상 사람이 아닌가 하는 생각이 들기도 한다. 휴식 없이 정진만 하자는 주장은 아니다. 그렇게 되면 육체의 피로와 정신의 피로를 감당할 길이 없을 것이다. 휴식 없이 성과를 얻기란 쉬운 일이 아니다.

　일생 앉아서 쓰고 읽는 일을 주업으로 하는 사람은 앉지 않으면 성과를 얻기 어렵다. 고시공부를 하는 학생의 경우 첫째 관문이 앉는 것이라고 한다. 육신을 조복 받는 앉는 일에 실패하면 지구력 있게 책을 볼 수 없다고 한다. 그리 되면 그의 청운의 꿈도 물거품에 지나지 않을 것이다.

　선에서는 앉는다는 말을 많이 쓰고 있다. 좌선, 좌선법, 좌구가 그렇다. 앉을 좌坐라고 할 때 쓰이는 말이다. 그러나 좌도坐盜28라고 하면 영 다른 뜻이 된다.

　『안자춘추』에 나오는 고사이다. 안영晏嬰은 제나라의 명재상이요, 뛰어난 외교관이었다. 초나라 임금이 안영을 초대하여 그의 지혜와 기상을 꺾어 놓고자 했다. 신하들과 모의를 마친 후 초대하여 주안상을 질펀하게 차려놓고 연회를 베풀었다. 그때 한 사람을 결박하여 임금 앞을 지나가는 것이었다. 그 광경을 본 임금이 발걸음을 멈추게 하고 연유를 물었다. 이 자가 제나라 사람인데 우리 초나라에 와 죄를 지었다고 병사가 고했다. 무슨 죄냐고 임금이 물었다. 도둑질한 죄(坐盜)라고 대답했다.

　마주 앉은 안영에게 "제나라 사람은 자고로 도둑질을 잘합니까?"라고 물었다. 그때 안영은 조금도 거리끼지 않고 대답을 했다.

　"귤을 회수淮水29 북쪽에 심으면 탱자가 되고 남쪽에 심으면 귤이 열리는데 이는 다름 아닌 풍토의 문제입니다. 허니 저 도둑은 우리 제나라에 있을 때는 양민이었는데 초나라에 와서 도둑질을 하였으니 초나라의 문제가 아니고 무엇일는지요?"

　여기서 초나라 임금은 백기를 들고 말았다.

　한 시대의 아픔이기도 했던 연좌제連坐制가 서슬 퍼렇게 적용되던 시절이 있었다. 당사자와는 전혀 무관한 일인데 범죄자의 친척이나 인척이라는 이유로 연대적으로 처벌하거나 불이익을 주는 제도이다. 이는 한 시대의 이데올로기의 소산이었다. 1980년대 이후 사실상 폐지되었다. 연좌連坐란 한 사람의 범죄에 대해 특정 범위의 몇 사람이 연대책임을 지고 처벌되는 일을 말한다. 좌도나 연좌의 좌坐는 모두 죄를 짓는다는 의미를 갖는 말이다.

운문 스님의 제자 가운데 향림증원(香林澄遠, 908~987) 선사가 있다. 『벽암록』 제17칙에 선사의 좌구성로坐久成勞가 있다. 어느 날 한 납자가 향림 선사를 찾아와 물었다.

"초조달마는 먼 인도에서 일부러 중국까지 와서 설법도 하지 않고 소림산에 박혀 9년 동안이나 벽과 마주 앉아 있었다는데, 도대체 그는 무엇 하러 중국에 왔습니까?"

그러자 향림 선사는 "너무 오랫동안 앉아 있었더니 그만 지쳤구나."라고 대답했다.

각 종파의 전등자傳燈者는 모두 조사라고 부른다. 그러나 선종에서는 대개의 경우 보리달마를 가리켜 조사라고 한다. 보리달마가 면벽 9년의 침묵 생활을 보냈다는 고사에서 좌구성로라는 말을 한 것이다. 이 말은 너무 오랫동안 좌선하여 피곤하다는 의미이겠으나 이때 피로하다는 것은 어느 의미에서는 꽤 건강한 피로감이라고 생각할 수 있다. 만약 달마가 심신의 피로가 감내하기 어려웠다면 선종사에서 묻히고 말았을 것이다. 사람에게는 건강한 피로감이 있다. 이럴 경우 엔돌핀이 축적되어 인류문명사에 이바지할 만한 원동력이 될 것이다. 일을 마치고 난 후의 피로는 누구에게나 엄습하기 마련이다. 일이 성취되었을 때의 피로는 금세 소멸되고 만다. 성취감이 피로를 상쇄시켰기 때문이다.

라틴어 medicus는 '치료하다' 또는 '돌보다'라는 말이다. 여기서 meditation과 medication이란 말이 나왔다. 전자는 '명상'이고 후자는 '약물치료'란 말이다. 명상은 현대인의 고질병인 스트레스를 해소시키는 해독제임을 알 수 있다. 왜냐하면 눈에 보이지 않는 형이상학적인 근육이 고요함 속에 단련되기 때문이다. 명상은 긴장을 이완시키는 촉매제로서 필수적인 요소이다. 침묵은 혼란스러운 정신에 가장 효과적인 치료제임이 분명하다. 그러기에 부처님은 "침묵하라. 그리고 법을 논하라."고 유훈을 남겼다.

지금 어느 산야에서 침묵하지 못하고 들뜬 마음과 육신을 감내하지 못하는 젊은이들이여, 이 절기가 지나면 아마 공허한 마음과 제어되지 않는 육신은 의학의 힘을 빌려 치료받아야 할 무기력한 몸이 되어 있을지도 모를 일이다. 쾌락만을 쫓다 보면 마치 거미줄이나 끈끈이에 달라붙어서 옴짝달싹 못하는 파리처럼 되고 말 것이다. 에너지가 축적되지 않은 휴가는 후회와 나약함만이 남겨진다. 지혜로운 사람은 바람의 방향을 조절할 수는 없다 하더라도 돛을 조절하는 슬기로움을 지니고 있다.

행운유수

　구름과 안개가 자주 대지를 감싼다. 떠가는 구름은 고정된 형태를 고집하지 않고 높은 봉우리를 만나면 감돌아 가고 평원을 만나면 온갖 자태를 드러내며 흘러간다. 문수봉과 보현봉을 안고 도는 구름이 봉을 안았다가 봉마저도 허용하지 않고 묻어버리는 묘용이란 인간이 만들어 낼 수 없는 자연만의 오묘함이 아닐까 한다. 일순간도 같은 모양으로 머물지 않는 구름에서 소멸의 이치를 배운다. 악지[30]가 세 누군가가 체벌을 가하여 순치시켜 놓은 것도 아니련만 저리도 유유자적할 수 있단 말인가.

　태양에 이르고자 하여 날개를 만들었다는 이카루스의 신화[31]는 인류가 추구한 목표 가운데 하나이다. 구름은 날개 없이도 허공에 온갖 모양을 드러내어 인간의 가지가지 상념을 속속들이 파헤쳐 놓고, 몽당붓 한 자루 없이도 천태만상을 그려내고 있다. 새삼스레 자연의 오묘함이 여기에 깃들어 있음을 인식하게 한다.

저 작은 물방울 입자가 모여 안개를 이루고 있다. 안개의 여유를 생각해 본다. 무거우면 낑낑대며 그 질량을 지니고 있으려 하지 않고 대지에 그냥 부려 놓고 만다. 가벼워 견딜 만하면 흘러흘러 어느 나뭇가지에 앉아 휴식을 취하기도 한다. 구름과 안개에서 집착이란 정말 찾아보기 힘든 일이다. 마냥 흘러가고 안주함을 자유자재로 한다.

선 수행자를 운수雲水라고 부른다. 운수란 행운유수行雲流水의 약자이다. 수행자는 일정하게 머무는 곳이 없다. 마치 떠도는 구름 같고 흘러가는 물과 같은 것이다. 이러한 모습은 수행자의 생활 상태를 잘 드러낸 말이다. 다투지 않는다는 말이기도 하다. 혹여라도 구름은 계곡의 물과 같이 졸졸 소리 내며 계곡을 굽이쳐 흘러가고자 유수의 영역을 침범하지 않는다. 마찬가지로 물 또한 낮은 곳에 있음을 자탄하며 높은 곳에 있는 구름의 영역을 넘겨보지 않는다. 그저 주어진 환경에 만족하고 여건에 불만을 토로하지 않는다. 그러기에 운형수제雲兄水弟[32]라 했던가.

『식경록개연보설息耕錄開筵普說』에 "귀를 막고 눈을 가려 번뇌를 피할 수 있다 해도 행운유수 추엽비화墜葉飛花[33]를 어찌 멈추게 할 수 있으랴."라고 읊고 있다. 행운유수와 추엽비화란 결국 허공을 떠도는 구름, 강을 흐르는 물, 나무에서 떨어지는 마른 잎, 초목에서

흩날리는 꽃, 자연이다. 자연의 이치를 드러낸 말이요 제행무상을 표현한 의미이기도 하다.

행운유수와 유사한 말로 운유평기雲遊萍寄[34]란 말이 있다. 구름이 광대한 허공을 떠가며 한 곳에 한 순간도 머물지 않듯이 부평초는 흐르는 물에 몸을 의지하여 표류한다는 말이다. 운유평기 또한 수행자가 한 곳에 머물지 않는다는 경지를 단적으로 표현한 말이다.

비단 수행자가 아니라 해도 한 곳에 머물지 않기 위해서는 최소한 걸어야 한다. 걷는다는 것은 우리 신체가 할 수 있는 가장 평범한 일이다. 이 단계를 넘어 속보경기에 나가고자 하는 선수의 걷기는 평범의 단계를 훨씬 넘고 만다. 거기에는 정교함이 따라야 하고 그러자면 일정한 시간을 내어 반복된 훈련을 해야만 한다. 그러한 사람은 걷기의 재미보다는 어떤 의무감으로 운동을 해야 할 것이다.

우리가 잊기 쉬운 것이 있다. 느끼고 취하는 습성이다. 무감각한 눈은 추한 광경만을 눈여겨보고, 음악적 감각이 굼뜬 귀로는 소음만을 들을 것이다. 세잔느의 〈목욕하는 사람들〉이란 작품을 보고 터질 듯한 살결과 숨 쉬는 맥박을 느끼지 못하는 사람은 드물 것이다. 베토벤의 제5번 〈운명교향곡〉에서 베토벤이 제1악장 첫머리의 동기에 대하여 자신이 "이와 같이 운명은 문을 두드린다."라고 말했듯이 그 운명의 선율은 나의 운명의 문을 두드리는 것이 아닐까 반문할 때 이미 곡에 취하고 마는 것이다.

    권세에 물들고 재물에 오염된 자들이여! 행운유수에서 여여함을 배우자.

상서로운 모습을 보았는가

홀연 철 지난 매지구름[35]이 북한산을 휘감고 몰려들기 시작했다. 이내 거센 바람과 함께 천둥 번개가 요란하다. 매실만 한 빗줄기가 대지를 할퀴듯 쏟아진다.

한국의 가을의 전령은 설악산에서 기별이 온다. 매일 대하는 북한산의 모습도 나날이 달라지고 있다. 인간의 힘으로야 어찌 저 방대한 산을 온통 붉은 색으로 바꿔 놓을 수 있겠는가. 어느 산모퉁이에는 소복 한 여인마냥 하늘거리는 억새의 춤사위가 눈길을 끈다. 혹여 억새는 저리 소복을 차려 입고 오직 몸짓으로만 어느 영혼의 속삭임을 이승의 누군가에게 전하고 있는 것이 아닐까. 그리움이나 애절함이 인간의 마음속에만 간직할 수 있는 특권은 아닌 듯하다. 자연은 그들 나름대로 소통할 수 있는 언어로 표현하고 있다. 이때 인간은 무력해진다. 쓰러질 듯 일어나 외치고 있는 소리를 들어보자.

조주 선사는 선종사에서 숱한 일화를 남긴 스님이다. 선사는 산동성 조주曹州 사람이다. 소종昭宗의 건녕 4년에 120세로 열반했다고 한다. 그는 14세 때 남전南泉 선사를 처음으로 친견하게 된다. 절기는 해동이 되지 않아 으스스 추운 이른 봄이었던 모양이다. 남전 선사는 양지 바른 따스한 햇살이 비치는 곳에서 낮잠을 자고 있다가 찾아온 사미승 종심從諗을 보았다.

"어디서 왔느냐?"

종심이 답했다.

"네, 서상원瑞像院에서 왔습니다."

그러자 남전은 "그럼, 서상(상서로운 모습)은 벌써 보았겠군." 하고 떠보았다. 그랬더니 종심은 "아뇨, 서상은 모릅니다만, 와여래臥如來를 보았습니다."라고 답했다. 남전은 이놈이 보통 놈이 아니구나 하고 내심 놀라며 일어나 앉아 다시 "네게 스승이 있느냐?"고 물었다.

종심은 "아직 추운 겨울인데 스승님께서 건안健安하시니 무엇보다도 다행입니다."라고 대답했다고 한다.

누군가가 상대의 진면목을 알 수 있다는 것은 여간 어려운 일이다. 이런 소통의 문제가 여의치 못하면 일이 어긋나기도 하고 어느 경우 깊은 오해의 늪에 빠지기도 한다.

범어에 bodha라는 말은 '앎', '이해', '인식'이라는 말이다. 이 말은 동사 bud에서 나온 말인데 '인식하다', '배우다'라는 말이다. 우리말로 본다고 하면 눈으로 어떤 대상을 이러저러한 형상으로 되어 있다고 아는 정도다. 그렇다면 만약 시각장애를 일으켰다면 앞의 대상을 전혀 알아채지 못한다는 말이 되고 만다. 범어로 본다고 할 때의 경우는 사뭇 다르다. 대상을 시각으로만 보는 것이 아니고 대상의 진면목을 이해하고 인식하는 것이기 때문이다. 길을 걷다가 아무개를 보았다고 할 때도 그렇다. 단순히 외형적인 것에 국한시키기 마련이다.

　자하子夏[36]는 하나뿐인 외동아들을 잃어 마침내 실명失明하게 되었다. 그래서 자식 잃은 슬픔을 상명지통喪明之痛[37]이라고 한다. 앞을 못 보니까 불편함이란 오죽했으랴마는 전혀 예상과는 달랐던 것 같다. 비록 육안은 잃었으나 그에게는 보석보다 값진 심안心眼이 있었다. 어느 날 누군가가 당신의 스승은 어떠한 분이냐고 물었다. 그래, 우리 스승은 세 가지가 특이하다. 멀리서 보면 위엄이 있고, 가까이서 대하면 온화하고, 말씀을 들으면 정확하다고 힘주어 말했다.

　우리는 일상에서 느끼는 답답함이 있다. 상대의 말을 들어보면 어떻게 하겠다는 것인지 의지 표명이 분명치 않은 경우가 많다. 잠자리에서 일어나면서부터 이렇게 할 것인지, 아니면 저렇게 할 것인지 순간순간 선택의 기로에 서 있는 것이 인간의 숙명이 아닐까. 망설이거나 판단을 유보한다는 것은 손해나 불이익이 미칠까

봐 주저주저하는 것이다. 지나친 호사일지 모르겠으나 필자는 먼 훗날 '그의 말을 들어보면 정확했지'라고 평가 받길 기대해 본다.

　완연한 가을 햇살이 포근히 대지를 감싼다. 가을걷이를 서두르는 농부의 손길이 바삐 움직인다. 추수를 마친 들녘에 허수아비가 멋쩍게 서 있다. 철 지난 밀짚모자, 듬성듬성 꿰맨 누더기 옷도 갈아입지 않고서 겨울을 날 것이다. 아무런 염치나 체면도 없이 재물을 걸태질[38]하는 사람들에게 세계 80개국 900여 도시에서 경고의 메시지가 분노의 함성으로 들끓고 있다.

　누가 뭐라 해도 좋다고 허밍humming[39]하고 서 있는 허수아비가 유난히 눈에 밟힌다.

뗏목의 비유

산을 오르다 보면 온갖 시름이 떨구어진다. 마치 조락(凋落)의 나뭇잎과 흡사하다. 발아래 낙엽은 절로 나고 진 것 같지만 그렇지 않다. 이 세상에 자신의 힘으로, 그 자체로 존재하는 것은 하나도 없다. 모든 것은 원인과 조건의 상호작용을 통하여 나타나기 마련이다.

우뚝 솟은 저 바위는 원자들로 구성되어 있다. 그리스어로 원자는 '분할할 수 없는 것'을 의미한다. 그 작은 입자가 에너지인 것이다. 바위에 초목이 뿌리를 내리고 삶을 영위하는 것도 에너지인 원자의 이동이 있기 때문이다. 이쪽의 원자가 저쪽으로 이동하는 찰나를 틈타 뿌리는 삶을 지탱하는 공간을 찾아가는 것이다. 서울 하늘에 무지개가 뜨면 뉴스에 나올 정도이다. 그 무지개는 비구름 위로 떨어지는 태양광선의 작용으로 형성되는데 우리가 만질 수는 없어도 가시적으로 나타나는 것이다. 이러한 조건들 가운데 어느 한 가지라도 모자라면 그러한 현상들은 사라지게 된다. 하나는 완성이요, 모두를 있게 하는 기본이다. 그러므로 하나가 얼마나 중요한지 헤아리기 어려울 정도이다.

이별은 영원한 떠남이 아니다. 이별의 속성은 만남이요 재회인 것이다. 다만 그 형태와 모양을 달리하여 다시 만나는 것이다. 생각해 보자. 나뭇잎의 이별이 없이 새봄 새싹의 재회가 있을 수는 없다. 이별의 슬픔을 감내하기 어렵다고 붙들고만 있다면 나무는 추운 겨울을 견디지 못하고 동사_{凍死}만이 있을 뿐이다. 그러나 작은 잎새의 이별은 재회를 언약하며 떠난다.

『남전대장경』「사유경蛇喩經」에 유명한 비유가 나온다. 석존이 기원정사에 있을 때의 가르침이다.

제자 가운데 독수리 잡기를 좋아하는 비구가 있었다. 그는 나쁜 소견을 가지고 있는 사람이었다. 그의 이름은 아니타였다. 대중들이 그의 그릇된 소견을 고쳐 주려고 타일렀지만 아무런 보람이 없었다. 이 말을 전해들은 석존은 조용히 아나타를 불러 타이른 후 대중들에게 말했다.

"비구들이여, 나는 너희들에게 집착을 버리도록 하기 위해서 뗏목의 비유를 들어 말해 주겠다. 어떤 나그네가 긴 여행 끝에 강가에 이르게 되었다. 그는 생각하기를 '바다 건너 저쪽은 평화로운 땅이다. 그러나 배가 없으니 어떻게 갈까. 갈대나 나무로 뗏목을 엮어 건너가야겠군' 하고 뗏목을 만들어 무사히 건너가 평화로운 땅에 이르렀다.

나그네는 다시 생각하였다. '이 뗏목이 아니었더라면 나는 이 강을 건너올 수 없었을 것이다. 이 뗏목은 내게 큰 은혜가 있으니 메고 가야겠다.'

너희들은 어떻게 생각하느냐. 나그네가 그렇게 함으로써 그 고마운 뗏목에 대해 자기가 할 일을 다했다고 생각하느냐?"

석존의 질문에 제자들은 하나같이 그렇지 않다고 대답했다.

그러자 스승은 다시 말했다.

"그렇다면 나그네가 어떻게 해야 자기 할 일을 다하게 되겠느냐. 그는 강을 건너고 나서 이렇게 생각해야 할 것이다. '이 뗏목으로 인해 나는 강을 무사히 건너왔다. 다른 사람들도 이 뗏목을 이용할 수 있도록 물에 띄워 놓고 이제 내 갈 길을 가자' 이와 같이 하는 것이 그 뗏목에 대해 할 일을 다하게 되는 것이다. 비구들이여, 나는 이 뗏목의 비유로써 교법敎法을 배워 그 뜻을 안 후에는 버려야 할 것이지, 결코 거기에 집착해서는 안 된다는 것을 말했다. 너희들은 내가 말한 교법까지도 버리지 않으면 안 된다. 하물며 법 아닌 것이야 말할 것 있겠느냐."

그렇다. 강을 건너게 해준 은혜가 뗏목에 있다 하여 그 뗏목을 메고 가는 사람은 없을 것이다.

집착을 범어로 arati라고 한다. 집착은 '화'이고 '번뇌'이다. 집착을 놓아버리면 화 날 일도 없을 것이고 번뇌에 속박되는 일도 없을 것이다. 자연은 우리를 아이로 만든다. 자연은 우리 귓전에 속삭인다. 왜 그런 일로 집착하느냐. 무엇 때문에 그런 일로 고민하느냐고.

우리는 죽음을 두려워한다. 죽음의 실체를 모르면 두려움은 더 커지기 마련이다. 죽는 것은 어쩔 수 없는 일이다. 그러나 여래(Tathāgata)는 육신이 아니라 깨달음의 지혜다. 깨달음의 지혜는 영원한 것이다.

나뭇잎은 일찍이 집착을 터득한 모양이다. 누군가가 아쉬워한다 해도 미련 없이 이별을 선언한다. 이 선언은 비련의 선언이 아니라 인간이 감내하기 어려운 위대한 선언이다. 산새도 이별을 습득하였다는 듯이 가납사니[40]마냥 지저귀는 석양이다.

따귀를 철썩철썩

새 학기를 맞은 교정은 활기가 넘친다. 특히 생기발랄한 모습에서 신입생의 환희를 느낀다. 기약 없이 휴식을 취하고 있던 나뭇가지에도 생명의 기운이 도는 것을 느낄 수 있다. 살아 있는 것들의 큰 매력이 아닐 수 없다. 봄이 오는 대지에는 삶의 환희와 찬미가 넘쳐난다. 움트는 가지를 보며 겨우내 숲에서 난 산새의 날갯짓이 육身지니[41]의 설익은 몸짓마냥 푸득이는 모습을 보며 행복을 만끽한다.

남산의 산행길에는 시각장애인들이 흰 지팡이에 의지하여 중앙의 노란 길을 따라 조심스레 걷고 있다. 그들은 봄이 오는 모습을 눈으로 볼 수 없으니 바람으로 느낄까, 아니면 봄 내음으로 느낄까? 헬렌 켈러는 봄이 되면 나뭇가지를 잡고 손끝으로 봄을 느낀다고 했다. 봄을 느끼는 유형은 사람마다 다르고 그가 처한 환경에 따라 다를 것이다. 아마 근기의 문제로 귀결됨 직하다.

수행에는 근기根機라는 말이 곧잘 쓰인다. 수행자의 용량 단위를 상근기, 중근기, 하근기라 하여 분류한다. 도를 논하면 상근기는 열심히 닦고, 중근기는 반신반의하며, 하근기는 무슨 그런 말이 있느냐고 부정하며 웃어넘긴다는 것이다. 똑같은 상황임에도 각자의 근기에 따라 판이하게 다른 양상으로 나타나고 있다.

근기는 범어로 indriya라 한다. '거대한 힘을 지닌 인드라신의 힘과 설득력과 자질'을 의미한다. 『벽암록』 제11칙의 내용을 소개하고자 한다.

어느 날 황벽 선사는 납자들에게 말했다.

"그대들은 모두 술지게미에나 취해 다니는 놈들이다. 지금처럼 할일 없이 이 절 저 절로 공밥이나 축내고 다니니 그래가지고 어찌 오늘의 나 같은 경지에 이르겠느냐?"

이때 한 납자가 불쑥 나와 따졌다.

"하지만 도처에서 가르치고 있는 선사가 많은데 그들은 뭡니까?"

그러자 황벽 선사는 "선이 없다는 게 아니다. 선은 우주에 가득 차 있지만 다만 없는 건 올바른 스승뿐이다."라고 대답했다.

당나라 선종 황제(宣宗皇帝, 847~859)를 대중천자大中天子라고 한다. 그는 한때 출가하여 향엄 선사의 제자가 되었고, 후에 염관제안 국사의 회상에 있었다. 당시 황벽 선사도 그 절에 수좌首座로 있었다. 얘기는 이렇다.

어느 날 황벽이 정성스레 예배하고 있었다. 그때 대중大中이 와서 물었다. "부처에게서 찾지 않고, 법에서 찾지 않고, 예배하여 과연 무엇을 찾을 게 있소?" 그러자 황벽은 "부처에게서 찾지 않고, 법에서 찾지 않고, 대중에게서 찾지 않고, 그러면서도 항상 이렇게 절한다."고 대답했다. 그러자 "절은 해서 무엇 하오. 아무것도 찾지 않으면서 절만 하다니 어리석은 짓이 아닌가?" 하고 들이댔다. 그때 황벽은 벌떡 일어나, 대중의 따귀를 철썩 때렸다. 대중은 "이런 난폭한 자가!" 하고 얼이 빠졌다. 황벽은 "이런 경우, 난폭하다느니 친절하다느니를 따질 때가 못 돼." 하면서 다시 한 대 철썩 후려쳤다.

이렇듯 내리 세 번 호되게 뺨을 맞은 대중은 그 후 환속하여 선종황제가 되었다. 그때 뺨을 때려 준 황벽에게 고마움을 잊을 수 없어 추행사문麤行沙門이라는 호를 하사하였다. '난폭한 승려'라는 말이다.

선종은 상근기임이 분명하다. 그가 만약 하근기였더라면 지난날 염관 국사의 도량에서 뺨 맞은 앙갚음을 했을 것이다. 지난날에 괘념치 않고 추행사문이라고 호를 내리는 여유를 보이고 있지 않은가.

    교육 현장에서 체벌 문제가 핫이슈가 되고 있다. 전면체벌금지라는 한 집단의 주장에 맞서 어느 선까지는 허용해야 한다는 주장이 대립각을 누그리지 않는다. 교사들의 입장은 딱할 뿐이다. 어느 장단에 춤을 추느냐는 반문이다. 체벌이 폭력으로 번지지 않기 위해 우선 '사랑의 매'의 모델을 만들어 보자는 것이다. 진정 사랑의 체벌을 받은 학생은 사회의 일원이 되었을 때 사랑의 매의 고마움을 충분히 알 것이다. 대중천자의 마음같이.

위가 가벼워야 한다

 연구실에 화분이 있다. 탐스럽게 핀 꽃송이가 보는 이의 마음을 밝게 한다. 옆에 옷을 걸다 보면 소매에 닿아 꽃이 상할까 신경이 쓰이기도 한다. 저 꽃은 부드럽기 때문에 위에 자리 잡은 것이다. 반면에 뿌리는 단단하므로 아래에 놓였다. 사회구조 역시 강한 사람이 뿌리를 맡고 유연한 사람이 상부를 맡으면 이상적인 구조가 될 것이다. 그래서 시인과 화가가 사회의 상부를 맡아야 하며, 성자와 현자가 최상부를 맡아야 한다. 군인과 정치가와 사업가는 하부를 맡아야 한다. 하부에 있어야 할 사람들이 상부를 차지하는 바람에 세상이 어지러운 것이다.
 세상은 마치 뿌리가 나무의 정상을 차지하고 꽃을 밑으로 밀어낸 형국이다. 인도의 사회구조를 보면 판이하게 다른 모습을 보이고 있다. 카스트의 최상부에 승려계급인 브라만이 있다. 브라만은 태어나면서부터 정해지는 계급과는 아무런 관련이 없고 내면의 부활과 관련이 있다. 궁극을 깨달은 사람이 브라만이며, 브라만은 사회의 꽃이다. 그래서 상부를 맡았다. 힘 있는 제후나 왕은 브라만의 발아래 절을 했다. 왕이 아무리 강할지라도, 아무리 위대할지라도 왕일 뿐이다. 대부분의 속인은 야망을 쫓기 때문에 정신이 병들어 있다.

부처님께서 한 나라를 찾아갔다. 이때 그 나라의 왕은 도성 밖으로 나가서 부처님을 영접하길 꺼려 했다.

지혜로운 재상이 왕에게 조언을 했다.

"가 보셔야 합니다."

왕이 대답했다.

"격식이 맞지 않는 것 같소. 그는 구걸하는 거지가 아니오? 그냥 오라고 하시오. 왜 내가 도성 밖에까지 나가 영접을 해야 하오. 나는 왕이고 그는 거지요."

그러자 재상은 바로 사직서를 썼다.

"사직서를 받으십시오. 그렇게 속이 좁으시다니. 저는 더 이상 모실 수 없습니다. 전하는 한 나라의 왕이지만 그분은 왕국을 버린 분입니다. 아무것도 가진 게 없습니다. 전하께서는 거대한 나라가 있고, 그분에게는 아무것도 없습니다. 하지만 그분은 더 없이 높으신 분입니다. 가서 영접하십시오. 그렇게 하지 않으려면 제 사직서를 받으십시오. 저는 더 이상 전하를 보필할 수 없습니다. 그릴 수 없습니다."

그래서 왕은 나가서 영접을 했다.

왕이 부처님께 절을 하자 부처님은 말했다.

"그럴 필요 없습니다. 전하는 마지못해 나왔지요. 마지못해 나오는 건 진정으로 나오는 게 아닙니다. 존경은 강요될 수 있는 게 아닙니다. 존경이야말로 이해하든가 못하든가 둘 중 하나일 뿐입니다. 그러므로 여기까지 나올 필요가 없습니다. 내가 전하를 보러 여기까지 오지 않았습니까? 나는 거지에 불과합니다."

그러자 왕이 울기 시작했다. 부처님의 말을 깨달은 것이다.

시인 타고르의 영향을 받은 사람이 오늘날 인도의 국부로 추앙받는 간디이고, 그는 ahiṇsā의 정신으로 인도인의 버팀목이 되어 독립의 주역이 되었다. 간디의 영향을 받아 위대한 정치가 네루 수상이 배출되었다.

현대 사회구조는 너무 위가 무거워졌다. 가벼운 꽃이 정상에 있어야 되는데 말이다. 현자와 시인이 정상에 있어야 한다. 그래서 어느 성인은 말했다. "정상에 서고 싶다면 부드럽고 약한 사람이 되라. 유하고 부드러워져라. 거대한 나무처럼 강하지 말고 작은 풀처럼 부드러워져라."

설날이 되면 평소 못 뵙던 어른들에게 세배를 다닌다. 참 아름다운 미풍양속이라고 생각한다. 간혹 이 미풍양속이 상도常道를 벗어나는 일도 있다. 앞에 언급한 왕과 부처님과의 관계처럼 마음에 내키지 않는 세배도 있는 듯하고, 세배 하면 세뱃돈을 연상시키는 경우도 있는 듯하다. 두 경우 모두 본래 취지를 희석시키는 행위임에 분명하다.

　설날을 맞아 변화라는 의미를 음미해 보자. 변화란 오래된 것이 소멸하고 새로운 것이 태어나는 것이다. 변화를 두려움의 대상이 아니라 거듭나기 위한 통과의례쯤으로 여긴다면 쉬 수용이 될 것이다. 고요했던 휴화산에서 시뻘건 용암이 분출되는 모습을 보면 변화의 극치가 아닐까 생각이 든다.

　보리수 아래서 정각을 이룬 부처님은 내면에 엄청난 진동을 느꼈다. 그 진동은 누구도 제어할 수 없는 위대한 행위로 나타난다. 인류애로 발전되어 중생제도의 길을 걷게 된다. 많은 수행자들은 부처님과 같은 진동을 느끼기 위해 밤을 지새우고 숱한 해를 맞고 달을 맞는다. 나의 내면의 세계가 성장되어야만 부처님과의 화음이 이루어질 수 있다. 음악에서 화음은 8음계의 배열에 달려 있다. 수행자에게 화음은 음악의 음계보다 낮은 수인 삼독심의 통제에 달려 있다.

4장

◉

일상에서의 단상

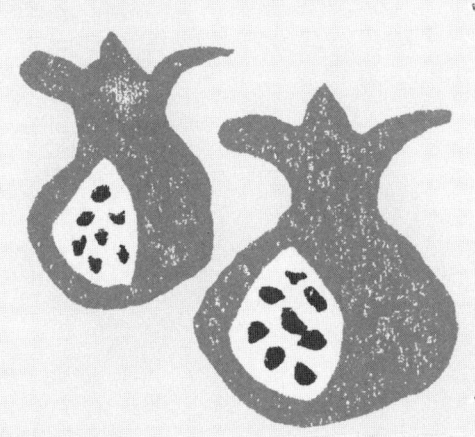

삼보의 언덕

　필자가 몸담아 온 동국대학교 교가는 '거룩한 삼보의 언덕 위에…'로 시작된다. 이 삼보의 언덕에서 강의를 시작한 지 어언 한 세대가 되었다. 10년이면 강산이 변한다고들 말한다. 그렇다면 최소한 세 번쯤은 강산이 변한 시간의 흐름이다.
　사람도 변하고 교정도 변했고 수종도 변했으며 나무의 굵기도 여간 변한 게 아니다. 불교의 가르침 가운데 제일 먼저 접하는 말이 무상이라는 말이다. "왜 절에 왔어요?"라는 물음에 어느 동자승은 "무상해서요."라고 대답했다 하는데, 질문자의 간담을 써늘하게 할 말이다. 동자가 그 엄청난 무상을 터득했다는 사실 때문일 것이다.
　우리는 일상에서 무상의 이치를 수로 헤아리기 어려울 만큼 마주치고 지나친다. 계절의 변화가 그렇고, 별들의 공전과 자전이 그러하며 세대의 오고감이 또한 그렇다. 식물의 한 살이도 어김없는 무상의 도리를 드러낸다. 사람과 사람의 만남 속에서 오가는 감정의 농도 또한 변화무쌍하다. 이 엄청난 변화 속에 제자리를 지키며 살아가는 묘약이 없을까? 있다. 문제가 있는 곳에 해답이 있게 마련이다. 변화에 순응하는 것이다. 순응은 굴종과는 판이하게 다르다. 순응은 어느 환경이나 변화에 적응하는 것이고 굴종은 제 뜻을 굽혀 남에게 복종하는 것이다.

먹거리 고추를 음미해 본다. 저 붉은 고추는 연초록의 떡잎에서 소담한 흰 꽃을 피운다. 그 꽃에서 경이롭게 푸른 열매가 맺힌다. 여기서 또 변신을 한다. 붉은 색을 뿜어내기 시작한다. 그 다음에 진홍색을 띠다가 회색으로, 그리고 마침내 소멸을 맞는다. 식물의 한 살이에서 질서를 배운다. 무상은 덧없음이 아니라 생명의 끈질긴 섭리임을 터득하게 된다. 이 질서가 무너진다면 먹거리의 혼란이 올 것이고 자연의 무질서는 인간에게 재앙을 초래할 것이다.

필자가 매 학기 강의 첫 시간에 학생들에게 말하는 것이 있다. 그것은 '강의講義'라는 말이다. 강의는 '의로운 것을 논한다'는 말이다. 그리고 또 하나의 의미는 '앞에서 읽는다'는 뜻이라고 말한다. 독일어로 die Vorlesung을 말한 것이다. vor는 앞이라는 전치사이고 Lesung은 lesen이라는 '읽다'라는 동사의 명사형이다. 교수가 수십 년 우려먹은 너덜너덜한 노트를 읽으며 시간이나 때우는 경우는 곤란하겠지만. 요즘 세태에 이런 교수는 찾아보기 어렵다.

제도가 그들을 그냥 두지 않고 퇴출시킬 터이니 말이다. 참신한 내용, 농익은 학문, 깊은 사유의 축적물을 열정을 다하여 강의한다면 자신도 흡족하고 학생도 만족하는 시간이 될 것이다.

　동양적 의미의 강의는 예절이 수반되어야 한다. 그리고 의로움이 생명과 같이 소중하다. 학생이라면 누구나 정의로움에 찬사를 보낸다. 정의의 수호신이라 자처하기도 한다. 의롭게 살라 배웠으니 그도 그럴 만하다. 인간을 재는 척도는 문과니 이과니 하는 것으로 구분되지 않고 그 의로움에 맞춰지기 때문이다.

　그런데 강의실에서의 의로운 마음은 교정을 벗어나면 망각이란 강물에 풍덩 던져버리고 만다. 권력 앞에 굴종하고 금력 앞에 고귀한 양심을 헐값에 팔아넘긴다. 마침내 세상을 놀라게 하는 기사거리는 몽땅 배운 자의 소행일 뿐이다. 작은 것에 현혹되어 큰 것을 잃어버린다. 소탐대실이라 했던가. 옛 스승들은 내 생명을 버려서라도 의로움을 택하겠다고 하였다. 현대인의 초상을 본다. 왜 이리 어설픈가. 왜 이리 초라한가. 의로움도 시대에 따라 카멜레온이 되고 마는 것일까. 주위의 환경이나 광선 또는 온도 등에 따라 쉽게 변하는 카멜레온 말이다.

　의로움은 변색의 대상이 될 수 없다. 지고선至高善이기 때문이다. 세상이 휘청거리는 듯하지만 그래도 유지되고 발전하는 동력이 있다. 인간의 심저에 있는 양심의 고동 소리를 경청하는 소수의 사람이 있기 때문이다. 작은 것이나 적은 것은 볼품없고 나약한 듯하지만 순수하기 때문에 힘이 있다.

 불보와 법보와 승보를 삼보라 일컫는다. 거룩한 삼보의 언덕에서 그 소명을 다했을까 반추해 보는 시간이 되고 말았다. 불보는 실존 인물인 실달 태자를 말한다. 뿐만 아니라 도를 이룬 모든 이를 말하기도 한다. 법보는 부처님의 가르침인 팔만대장경을 이르는 말이다. 승보는 출가 수행자를 말한다. 필자는 부처님의 교설을 가르치는 스승의 길을 걷고자 발원하고 교단에 섰다. 세사細沙마냥 무궁한 법의 바다에서 노닐다 보니 숱한 세월이 흘렀다. 가히 시난고난[1]한 세월이었다. 육신의 병이라기보다 정신세계의 갈증을 해소하지 못하는 데서 온 결과라 생각한다. 앞으로 주어진 시간을 모두 연소시키고자 한다. 삼보의 언덕이 찬란히 빛나게…

인생은 발견이다

삭풍朔風이 발가벗고 있는 나무를 흔들고 간다. 그래도 매화 가지에서 꽃망울이 삐주룩 삐주룩 내밀고 있는 자태를 보고 있노라면 계절의 순환을 느끼게 된다. 침엽수들도 생기를 잃고 가지가 나부끼고 있는 모습을 보고 있노라면 봄은 신속하게 와야 하겠다는 생각이 든다. 이상한 일이다. 저 나무들은 옷을 훌훌 벗어 버리고도 동冬장군과 어찌 맞설 수 있단 말인가. 그 원리는 간단하다. 에너지를 밖으로 발산시키지 않고 내면에 축적시켰다는 데 있다. 만약 그 에너지를 발산시켜 모두 소진되었다면 존재의 의미는 상실되고 마는 것이다. 에너지는 아무 때나 쓰는 것이 아니고 쓰는 용도와 시기가 있다. 용도와 시기를 아랑곳하지 않고 무질서하게 쓰다 보면 생태계에는 큰 변화가 일어날 것이고 개인에게는 감당하기 어려운 일이 생길 수도 있다.

부모님들은 자녀를 키우면서 흔히, "밖에서 너무 싸다니지 말고 속히 집으로 돌아오라."고 당부한다. 에너지를 밖으로 발산하지 말라는 뜻이 함축된 당부의 말이다. 더불어 집에서 내면에 에너지를 축적하라는 깊은 뜻이 담겨 있는 것이다. 내면이 부실한 사람은 부실한 건축물에 비유될 수 있다. 욕망의 이기심이 발동하다 보면 기초공사가 부실해지고 건축자재도 정품을 쓰지 않고 정량 배합도 등한하게 된다. 길을 걷다 보면 흔히 볼 수 있는 일이 있다. 보도블록이 흔들리거나 이가 빠진 경우이다. 누군가가 손길 한 번 덜 가면 그렇게 되는 것이다.

인간의 내면에 가득 채워져야 하는 에너지가 꽉 차지 않으면 인간의 근간이 흔들리게 된다. 작은 것이 큰 것이라는 말이 이런 데서 나오지 않았을까. 인간의 내면에 채울 공간이 얼마나 있을까 생각하면 막연해지기도 한다. 그러나 조금만 생각을 확장해 보면 그리 어려운 일도 아니다. 세포들 사이에는 빈 공간들이 무수히 많다. 사실 우리 몸의 99퍼센트가 공간이다. 그러니 내면에 에너지를 축적한다는 것이 공간 때문에 신경 쓸 일은 전혀 아니라고 본다. 사람들은 무슨 일을 해보기도 전에 걱정을 앞세운다. 그 걱정은 상식 범위를 벗어나지 못할 경우 더욱 짙어지기 마련이다.

인간은 원하는 바를 성취하기 위해 부단히 노력하고 있다. 그러나 성취보다 중요한 것은 발견이 아닐까 한다. 주변의 일상사에 눈을 뜨기는 쉽지만 각자의 내면을 발견한다는 것은 그리 쉬운 일이 아니다. 대부분의 사람은 안살림에 충실하기보다 바깥 살림에 익숙해져 있기 때문이다. 성인의 삶의 모습을 보라. 한결같이 내면세계를 살피고 성숙시켰다. 석존이 6년 동안이나 깊은 명상에 들었던 것도 내면을 확장하고자 하는 정진이었다. 보리달마가 9년이나 면벽하고 있었던 것도 같은 이치이다. 역대 조사들의 면면을 보아도 크게 다를 바 없다.

일상에서도 내면을 확장해 가다 보면 일상에서 소홀히 여기고 지나쳤던 일들이 꽃잎에 맺혀 있는 영롱한 물방울마냥 투명하게 정신세계에 자리 잡게 된다. 그 영롱함은 고갈을 모르고 한 발짝씩 걸음을 내디디며 인간과 인간 사이에 우정과 친숙, 화해와 자비의 다리를 놓기도 한다. 우리의 에너지는 연소되어 흩어지는 굴뚝의 연기처럼 하찮은 것이 아니다.

눈이 시릴 만큼 명백한 사실도 부정한다. 자기 눈으로 관찰한 것들까지도 부정하는 세상이다. 무엇 때문일까. 눈앞의 이익만 취하려고 하기 때문이다. 화학약품이 든 사료를 먹고 자란 고기가 건강에 좋지 않다는 걸 뻔히 보면서 자신이 보는 것을 부정하기 일쑤다. 이러한 행위는 전적으로 이윤 동기 때문이다.

티베트의 경전에 다음과 같은 구절이 나온다.

"행운의 신은 수없이 당신을 찾아오지만 당신은 그 자리에 없다."

신은 당신의 문을 수없이 두드리지만 주인은 그 자리에 없다.

그 자리를 비워 놓고 밖으로 떠돌아다니기 때문이다. 몸을 떠나 다른 곳을 떠도는 나그네를 찾을 길이 없다. 마찬가지로 우리는 자리를 비웠기 때문에 내 집에 든 신을 발견하지 못할 뿐이다.

   이렇게 대책 없이 떠도는 마음을 안정시키는 길은 발견 또 발견이다. 발견은 평소 그냥 스쳐버린 것들을 챙기는 것이다. 발견은 삶을 풍요롭게 할 수 있는 묘약이고 삶의 질을 높이는 긴요한 처방전이기도 하다. 우리는 왜 새순이 돋는 나뭇가지에만 눈길이 가는 것일까. 어떤 타성에 젖어서일 것이다. 나목의 가지에도 눈길을 주자. 그 가지에는 뿌리까지 내려가는 수액의 통로가 있다. 그 통로에는 인간의 이기심이 발동하지 않는 한 동맥경화가 없다.

상호가 좋다

대중교통을 이용하다 보면 곧잘 눈에 띄는 광고물을 발견하게 된다. 두 얼굴을 대조해 놓고 수술 전, 수술 후라고 표기하여 대조를 이루고 있다. 실로 한 사람의 얼굴이라고 판별하기 어려운 영 딴판의 얼굴이다. 수술 전의 취약한 부분을 수술하여 미인으로 탈바꿈할 수 있다는 것이다. 세상은 이렇게 변하고 있다. 우리는 내면보다 외형에 너무 집착하고 있는 것이 아닌가.

며칠 연휴가 낀다거나 방학이 되면 성형외과는 문전성시를 이룬다고 한다. 그러나 부작용도 만만치 않아 수술 자체를 후회하는 경우도 심심치 않게 들린다. 옛 모습으로는 복원이 되지 않는다는 문제의 심각성이 있기 때문이다.

기업에서는 신입사원 면접 때 외모를 많이 참작한다고도 한다. 그러다 보니 입사시험을 치러야 하는 젊은이들은 너나없이 성형외과를 넘나들기 일쑤라는 것이다. 생각해 보자. 세상에 어느 재벌이 얼짱이나 몸짱이었다는 말을 들어 보았던가. 또한 위대한 정치인이나 과학자도 마찬가지이다. 다 떨어진 베잠방이를 입은 촌부와 값진 밍크코트를 입은 부잣집 마나님을 보자. 그 마나님이 시선을 끈 것은 값비싼 외투 때문이지 그녀의 인격이 고매해서가 아니다. 그 외투를 벗고 화장을 지우고 나면 몰골 사나운 사람으로 변형되기도 한다. 반면에 땀내 나는 베잠방이를 벗어버린 촌부의 모습에서는 노동의 신성함을 온몸으로 느끼는 것을 알 수 있다. 자신의 일상이 세상에 바랄 것이 더 무엇이 있겠느냐는 뿌듯함을 볼 수 있다.

『십팔사략十八史略』에 괄목상대刮目相對라는 말이 있다. 선비가 담소를 나누다 헤어져 삼 일 후에 만나면 예전의 친구를 알아볼 수가 없어 눈을 비비고 보아야만 이전 친구를 알아볼 수 있다는 말이다. 상대 친구가 성형외과에 가 여기저기 뜯어 고친 것이 아니다. 촌음을 아껴 독서에 매진했던 선인들의 모습이 눈에 선하다.

『상서尚書』에도 다음과 같은 말이 있다. "얼굴 좋은 것은 몸 좋은 것만 못하고, 몸 좋은 것은 마음 좋은 것만 못하다(相好不如身好 身好不如心好)." 이 말은 미모보다는 건강이 중요하고 건강보다는 마음이 더 중요하다는 뜻이다. 외모지상주의가 낳은 몸짱, 얼짱을 엄중히 경계한 말이 아니겠는가.

우리말 가운데 '아무개는 상호가 좋다'는 말이 있다. 상호는 불교에서 유래된 말이다. 부처님의 상호를 말할 때 구체적으로 32상 80종호로 말한다. 범부 중생과 다른 32가지의 다른 모습을 지녔고, 80가지의 원만한 모습을 지니고 있다. 범어로 상은 lakshaṇa라 하며 큰 특징을 말한다. 호는 anuvyañjana라 하여 작은 특징을 말한다.

상호는 전적으로 외적인 문제이다. 외형적으로 가진 것이 많고 적음이나 지위의 높낮이에 비중을 두지 않고 석존이 우리에게 강조한 것은 외적인 문제보다 내면세계의 확대와 내면의 견고함을 강조하였다. 인간의 굴절된 마음, 일그러진 마음의 순화에 치중하여 마음 닦기를 한결같이 역설하였다. 마음을 닦는다는 것은 누군가에게 드러내어 보여주고자 하는 것이 아니고 상실된 인간성의 회복에 있는 것이다.

어느 성인에게 걱정이 있었다. 그 하나는 덕을 닦지 못하는 것이고, 둘째는 학문을 열심히 익히지 못하는 것이며, 셋째는 의로운 것을 듣고 바로 실천에 옮기지 못하는 것이며, 넷째는 자신의 착하지 못한 행동을 고치지 못하는 것이었다.

범부의 걱정거리는 무엇인가. 상대가 나와 같지 않다는 게 큰 걱정거리다. 그러다가 마침내 동화가 되지 않으면 화가 나기 일쑤이다. 그리고 돈타령, 출세타령, 시대타령, 이웃타령을 하다가 종국에는 부모타령까지 하며 장턴식을 늘어놓는다. 모든 사단을 상대편에 돌리고 자신은 쏙 빠지고 만다.

이러한 사람은 날씨가 타분한² 날의 육신과 마음의 상태와 흡사할 것이다. 타령조의 인생이 진취적이고 생산적이며 미래지향적인 삶으로 바뀌는 길은 삶의 틀을 다시 짜는 것이다. 성인의 걱정거리를 곧 나의 걱정거리로 여기고 열심히 자신의 삶을 연소시키려 하는 것이다.

목적의식은 모든 발전의 기초를 이룬다. 산에 오르면 주변에 많은 구름이 끼여 있음을 볼 수 있기도 하다. 그러나 그 구름은 목적의식이 있는 산악인에겐 가식에 지나지 않는다. 가식은 오래가지 않고 그 허구성이 이내 드러나게 된다. 우리의 일상도 다를 게 없다. 세상에 진실보다 앞서는 것은 없다. 의술에 의해 아름다움을 추구하지만 세월 앞에 그 인위적인 S라인도 얼짱도 퇴색하기 마련이다. 가식 없고 청순한 삶이야말로 값진 화장품의 향기보다 그 내음이 오래가는 것이다.

나를 사랑하는 사람이라면, 이웃을 사랑하는 사람이라면 역사에 훈풍을 전하는 메신저가 되기 위하여 바로 지금 내면의 세계를 확장하는 공사를 하자. 생각보다 더 소중한 것이 실천이다.

의발

절기 때문일까. 아니다. 절기 때문이라고만 할 수 없는 일이다. 대중교통을 이용하다 보면 시선을 머물 만한 곳을 찾기가 만만치 않다. 한때는 미니스커트의 길이를 무릎 위 몇 센티미터까지 허용한다고 규정하기도 했지만 그 규정은 유야무야 사라지고 말았다. 젊은이들 사이에 흔히 쓰는 말로 '하체가 부실하다'라는 말이 있다고 한다. 생소한 말이라서 무슨 뜻이냐고 물은 적이 있다. 바지의 길이가 초미니로 짧아진 것을 표현하는 말이라는 설명을 들었다.

이러한 현실을 기성세대가 꼭 탓할 일만은 아닌 듯하다. 어쨌든 세상은 젊은이들이 주도적으로 이끌고 가기 마련이다. 의상문화의 트렌드쯤으로 표현한다면 적절할 듯하다.

부처님의 상수제자인 마하가섭摩訶迦葉은 두타행頭陀行에 전념하였다. 바라문 출신인 그가 아난阿難과 나눈 대화가 있다.

『상응부경전』 권2에 마하가섭이 아난을 '젊은이'라고 부른 것에 대하여 "마하가섭이여! 나의 두발頭髮도 회색이 되었으니 다시는 나를 젊은이라고 부르지 마세요."라고 아난이 말했다. 한 비구니는 "가섭이 예전부터 지금까지 이교도였는데 정통의 제자 아난을 젊은이라고 부르는 것은 지나치지 않은가."라고 비난하기도 하였다. 이 말을 들은 가섭은 "부처님이 당신이 입었던 옷을 나에게 주었으므로 부처님의 옷을 받은 나야말로 스승의 가르침을 계승한 정통正統이다."라고 말했다.

옷을 범어로 cīvara라고 한다. 이 말은 일반적으로 옷이라고 하나 불교와 자이나교의 수행자들이 입는 분소의糞掃衣를 이르는 말이다. 위 경전의 내용에서 이심전심의 유형有形의 징표가 되었던 것이다. 스승으로부터 옷을 받는 것은 곧 법을 계승하는 것이 되었다. 이와 같은 전거에 의하여 선종에서는 가섭이 부처님으로부터 옷을 받았다는 것을 소중히 여겨 부처님의 정법이 마하가섭에게 전해졌다고 여기게 되었다.

선종에서는 일반적으로 세 벌의 옷을 말한다. 울다라승·승가리·안타회이다. 울다라승은 정장용이고, 승가리는 외출용이며 안타회는 작업용의 옷이다. 선종에서 최초에는 옷만이었으나 후대에 가면서 발우를 더하여 징표로 삼았다. 발우는 범어로 pātra라고 한다. 동사로는 '마시다', '들이키다', '삼키다'의 뜻이고 명사는 '마시는 그릇'이라는 말이다. 동의어로 bāra가 있다. '아가리', '종지'란 말이다. 발우는 원래 철로 만든 발우(鐵鉢)와 기와로 만든 발우(瓦鉢)가 주종을 이루었으나 우리나라에서는 나무로 만든 발우(木鉢)를 쓰고 있다.

발우야말로 수행자가 탁발할 때 없어서는 안 될 필수품일 뿐 아니라 일용품인 것이다. 중국에서 의발이란 불법佛法이요 불도佛道의 의미로 이해되었다. 스승이 제자에게 의발을 전한다고 하는 것은 불법을 전한다는 의미가 되었다. 이심전심의 징표는 의발로 표시되었다.

언제부터인가 그 의발의 전승은 본래 의미가 상당히 탈색되기 시작하였다. 서릿발 같은 전법의 세계에 물질이란 이끼가 덕지덕지 끼기 시작했다. 그러다 보니 지근거리에서 조석으로 보고 따르는 제자가 있으면 의발을 전하는 사례를 주변에서 쉽게 볼 수 있다. 그러한 의발의 전승이 불조의 혜명을 밝히는 등불이 되기에는 미미할 뿐이다. 부처님의 본래 마음에 부합하는 일이 아닐 터이기 때문이다. 부처님은 열반 시에 자리를 지켜보지 못했던 마하가섭에게 법을 부촉하였다. 당시 그는 스승 곁에 있지 않고 의·식·주에 관한 탐욕을 없애는 두타행을 하고 있었던 것이다.

하체가 부실한 젊은이여! 그대가 입은 짧아진 옷 길이 못지않게 주시할 게 있다. 어느 늪에 빠져 잔주[3]가 심한 자신의 영혼을 구출하는 일이다.

화택

잊을 만하면 화재가 일곤 한다. 불을 발견한 인류는 의식주에 급속한 발전을 가져왔다. 불을 이용하여 화식을 하게 되었고 불을 이용하여 극심한 추위를 극복할 수 있었다. 불은 인류를 두려움에서 벗어날 수 있게도 하였다. 불은 삶의 질을 향상시켰으며 문화 형태를 바꾸어 놓기도 했다.

인도에서 불의 신을 agni라고 한다. ag에서 나온 말이다. ag는 '꼬불꼬불 움직인다'든가 혹은 '바람 불다'라는 뜻을 지니고 있다. 참 실감이 나는 풀이이기도 하다. 불을 피워 보면 불기운은 똑바로 오르지 않고 하늘거리며 불길이 오른다. 농부가 바람 없는 날을 택하여 논두렁 밭두렁을 태워도 불길만 닿으면 바람이 일어 생각같이 불길이 가지 않는다. 마침내 실화失火로 뜻하지 않게 많은 재산과 인명을 잃기까지 한다.

경전에서 중생세계를 불타는 집에 비유하여 가르치고 있다. 특히『법화경』제3「비유품」에서 '삼계는 화택火宅'이라 비유하여 중생을 구하는 과정을 잘 묘사하고 있다. 화택은 범어로 다음과 같이 구성되어 있다. ādīp는 동사로 '불타다'라는 뜻이다. āgāra 혹은 agāra는 '집'이나 '아파트'라는 뜻을 지니고 있다. 위 단어를 합성하여 불타는 집, 화택(ādīptāgāra)이 되었다.

석존은 제자 사리불에게 말했다.

부유한 장자長者가 있다. 그 장자의 집은 매우 낡아서 벽과 담장은 군데군데 무너지고 기둥뿌리는 썩었으며 대들보는 기울어져 위태롭게 생겼는데, 사방에서 불길이 일어나 차츰 집 전체로 번져가고 있었다. 장자는 이 불타는 집에서 이미 나와서 안전한 곳에 있지만, 아이들은 불타는 집안에서 놀기에 열중하고 있기 때문에 어떤 아이는 불타는 것을 깨닫지 못하고, 어떤 아이는 알았는데도 놀라지도 않고 두려워하지도 않으며, 불이 곧 몸에 닿아서 그 고통을 한없이 받으련만 걱정하는 마음도 없고, 집 밖으로 나오려는 생각도 않고 있었다. 속이 탄 장자는 큰소리로 "집에 불이 났으니 빨리 나오거라."라고 소리쳤다. 그러나 아이들은 놀이에만 정신이 팔려 믿지도 않고 놀라거나 두려워하지도 않고 도무지 나오려는 기색조차 없었다. 아이들은 불이 어떤 것이고 집이란 어떤 것이고 죽음이란 무엇인가 하는 것을 전혀 알지 못했다.

'이 집은 이미 맹렬한 불길에 휩싸여 타고 있으니 저 자식들을 지금 구해내지 않으면 반드시 불에 타고 말 것이다. 그러니 내가 이제 교묘한 방편을 써서 이 위험으로부터 벗어나게 해 주어야지 다른 방법이 없구나.'

그리하여 장자는 아이들이 각기 좋아하는 것이 있으리라, 진귀한 것이라든가 재미있는 것이라든가, 장난감 따위에는 반드시 마음이 끌리는 법임을 생각하고 아이들에게 말했다.

"너희들이 좋아하여 가지고 싶지만 좀체 얻기 어려운 장난감이 여기 있다. 양이 끄는 수레, 사슴이 끄는 수레, 소가 끄는 수레들이 대문 밖에 있으니 가지고 놀도록 하여라. 너희들이 불타는 이 집에서 빨리 나와서 너희가 가지고 싶어 하는 것을 가지도록 하여라. 너희들이 달라는 대로 나누어 주겠노라."

그때 여러 자식들은 장자가 말하는 진귀하고 좋아하는 장난감이 항상 마음속 어디인가에 바라고 있던 것과 꼭 들어맞았으므로 '빨리 가야지' 하고 서로 밀치며 앞을 다투어 그 불타는 집에서 뛰쳐나왔다. 마침내 아이들은 수레를 달라고 아우성이었다. 장자는 아무런 분별심을 일으키지 않고 소가 끄는 큰 수레를 주었다.

여기서 장자는 두말할 나위 없이 석존이다. 아이들은 중생이다. 석존은 생로병사, 근심, 고뇌, 슬픔에 휘감겨 있는 중생을 위하여 이 세상에 몸을 나투신 것이다. 불타는 집은 사바세계이다. 사바세계는 고뇌에 의해 불타고 있고 원망과 원한에 의해 불타고 있으며 슬픔에 잠겨 불타고 있다.

『법화경』이 편찬된 시기는 수세기 경과하였으나 인간의 괴로움은 아마 백팔번뇌에서 줄어들기는커녕 더욱 증폭되고 있는 양상이다. 인간이 무심코 저지른 환경오염 문제만 해도 그렇다. 환경오염은 지구온난화를 불러왔으며 무수히 많은 질병을 유발시키고 말았다. 참 격세지감이 있다. '무궁화 삼천리 화려강산'은 제자리에 있건만 이 땅에 사는 우리는 잘못 이용하여 물까지 마음대로 마시지 못하고 끓여 먹거나 생수를 사서 마시는 세상이 되었다. 자업자득의 이치가 어김없이 통용되는 것이다. 아니, 먼 외국에서 물을 수입하여 마시는 나라가 되었으니 여기서 깊은 각성이 있어야 한다.

어느 위정자는 '국격을 높여야 한다'고 힘주어 말한다. 국격을 높이기 위하여 꼭 무슨 기구가 신설되어야 하는 것만도 아니라고 본다. 우선 위정자는 국민이 볼 때 눈살 찌푸려지지 않는 바른 언행이 요구된다. 그런 품격 높은 모습을 본 국민은 대대적인 캠페인이 없어도 그냥 따르게 될 것이다. 교통질서, 공중도덕 모두 그렇다. 부모가 출퇴근길에 무심코 버린 휴지와 담배꽁초를 학교에 간 자녀들이 길거리에 나와 줍는 모습을 보면 '이건 아닌데…' 하는 탄식이 절로 나온다.

건물에 불이 붙어 날름거리는 화염은 소방차가 출동하여 진압

한다. 그러나 각자의 마음에 치성하고 있는 욕망의 불은 누가 끌 것인가. 마음의 불을 끄는 소방차를 중생은 언제까지 기다리고만 있을 것인가. 기다리기만 하다가 그의 삶은 이러구러[4] 흘러갈 것이다. 기다릴 것이 아니고 내 불은 내가 꺼야 하는 숙제를 누구나 안고 있다.

오로봉五老峰

　전철을 이용하다 보면 일반석과 경로석으로 대별이 된다. 비단 출퇴근 시간이 아니라 해도 경로석은 빈자리가 잘 나지 않는다. 아마 노인 인구의 증가에 연유하기도 할 것이다. 노인만이 아니라 장애인·임신부 자리까지 허용하다 보면 자리는 더욱 모자라기 쉽다. 그 자리에 표기된 영문을 보면 Senior men이라고 쓰여 있다. 연세 든 분들이 노인이란 말을 꺼려한 나머지 이렇게 붙인 것으로 안다. 노인의 늙을 로老 자는 늙었다는 뜻만이 아니라 어른을 높이어 이르는 말이기도 하다. 이밖에도 '익숙하다'든가 '노련하다'는 뜻도 있으며 '신하의 우두머리'를 말하기도 한다. 노인이라는 말이 별반 어색하지 않은 좋은 표현이라고 생각한다.

　『잡마경雜摩經』 권상에 부처님의 제자 가운데 가장 뛰어난 특징 있는 열 명이 나온다. 지혜제일 사리불 존자에서 다문제일 아난

존자에 이른다. 유독 이 제자들에게 존자尊者라는 호칭을 자연스럽게 붙이고 있다. 범어로 존자를 sthāvira라 한다. 노인이란 말이다. 남자는 70세부터이고 여자는 50세부터 존자라고 부른다. 90세가 되면 마침내 이런 호칭은 끝난다. 그 후에는 varshīyas라 부른다. 발시야스는 세 살 된 아기를 말한다. 덕이 있어 존경할 만한 사람만이 아니라 상대에 대한 단순한 경칭으로 쓰기도 하고, 연하의 사람에게도 사용하였던 것이다. 나이 먹으면 어린애가 된다는 말이 우리나라만의 표현이 아님을 알 수 있다. 또한 우리말에도 선생이라고 하면 교단생활을 하지 않았다 해도 상대에 대한 경칭으로 곧잘 부르기도 하는 말이다.

『벽암록』 제34칙에 앙산 선사가 여산에서 왔다는 한 객승에게 "그럼 오로봉五老峰에는 가 보았겠군."이라 묻고 있다. 이 오로봉은 양자강의 아홉 개 지류가 합하고 있는 여산의 오로봉을 말한다. 혜원慧遠 스님이 백련사白蓮社를 세운 이래 불교사상의 요람이 된 산이다. 시선詩仙이라 불리는 이백李白이 망오로봉望五老峰이란 시를 남길 정도로 풍광이 좋고 조망이 뛰어난 곳이다.

여산 동남쪽의 오로봉이여	廬山東南五老峰
푸른 하늘에 금색 연꽃이 불쑥 솟아 있구나	靑天削出金芙蓉
구강에 빼어난 경치를 모두 모아 놓았으니	九江秀色可攬結
내 장차 이곳에서 구름과 소나무 벗 삼아 살리	吾將此地巢雲松

물론 앙산 선사는 단지 오로봉의 경치 좋은 것만을 말하지 않았다. 완전한 불성佛性을 갖춘 경지인 오로봉을 이야기하는 것이다. 다섯 개의 늙은 봉우리는 각하脚下의 참된 세계를 말하며, 선의 입장을 오로봉을 빌려 말한 것이다.

이른 새벽부터 늦은 밤까지 등산하는 사람들을 본다. 건강을 위해서 걷는다고 한다. 걷는다는 것이 오직 건강만의 문제는 아니라고 본다. 건강은 형이하학적인 문제의 해결이다. 그렇다면 형이상학의 문제는 제쳐둔 처사가 아닐까. 아프리카는 고대 이집트어로 고향이라고 한다. 인류의 고향 아프리카의 마사이족이 걷기를 잘하는 것은 건강만을 위한 것이 아니다. 형이상학적인 영혼의 문제를 더 중요시하는 것이라고 본다. 그러기에 있는 그대로의 모습에서 주변을 해치지 않고 살고 있다. 파괴자는 문명의 이기를 누리고 살았고 여기에 길들여진 사람들이다. 아프리카인들은 단순히 살기 위해서 태어난 것이 아니고, 상대에 대한 배려를 가슴에 품고 사는 것이다. 이때의 상대는 사람과 사람 간뿐만 아니라 자연과의 소통도 따른다.

남산 걷는 길에는 인공수로가 있어 청아한 물소리를 들을 수 있기에 더욱 좋다. 수로에는 조약돌을 깔아 놓았다. 깎아 놓은 생밤 같기도 하고 어린 시절에 빚어 보았던 주먹만 한 송편마냥 친근감이 간다. 저 돌들은 고향을 찾아왔구나. 태곳적엔 깊은 산에 있다가 세월의 다정한 설득에 굴복당하여 계곡에 머물다가 마침내 강으로 흘러갔다. 이제 누군가의 주선으로 고향을 찾았다. 그러나 산은 옛 산이련만 조약돌에게는 낯선 타향이 된 듯하다. 산이 그 높은 가치를 잃지 않고 의미 있게 다가오는 것은 산의 변함없는 속성 때문일 것이다.

돌이켜 보면 그렇게 대단하게 여겨지던 것들도 세월의 다정한 유희와 설득 앞에서 퇴색되고 굴복당하고 만다. 서슬 퍼렇던 경색된 이념도 냉전의 종식 앞에 무기력해지고 말았다. 조상들이 소중히 여겼던 전통문화도 세계문화의 교류 앞에서 탈색되기 일쑤다.

오로봉의 참된 세계에 들기 위해 헝클어진 영혼에 빗질을 하자.

자업자득

    며칠 전 소생하기 어렵다는 암 환자들의 인터뷰를 보았다. 현대의학으로는 더 이상 손을 쓸 수 없다 하여 병원 문을 나선 사람들이었다. 그들은 좌절하지 않고 산으로 들어가 무거운 삶의 여장을 풀어 놓았다. 그리고 나무와 대화를 하고 연약한 초목과 속삭였으며 계곡의 물소리에 취해 자신이 살아 있음을 확인하였다. 윤활유를 듬뿍 부어놓은 듯한 하늘가에 덧없이 흘러가는 뭉게구름에서 건강했던 날의 추억이 구름보다 몇 배나 빠르게 맴돌고 갔다. 철따라 갈아입는 산색은 다툼이 없다는 이치도 재차 확인하게 되었다.

    아마 그들은 늦게나마 긍정의 철학을 자연에서 몸소 체득한 듯하다. 사람이 무엇인가를 해내고자 애쓰다 보면 육신에 무리가 가기 마련이고 정신세계에도 균형을 잃기 마련이다. 휴식 없는 몸의 세포는 자신의 위치를 잃고 방황하게 될 것이다. 그러면 리듬이 깨져 균형이 무너지게 된다. 우리 마음에 긍정의 에너지, 행복의 에너지를 끌어들이는 자석이 있는가 하면 불만의 에너지, 부정의 에너지를 스스로 불러들이는 경우도 있다. 생활 속에서 반복적으로 그렇게 하다 보면 결국 병에 걸리기가 쉽다.

철을 끌어당기는 성질이 있는 물체를 자석이라고 한다. 이 자석은 내구성으로 분류하면 영구 자석과 일시 자석으로 나뉜다. 천연적으로는 자철광磁鐵鑛이 있으며, 인공적으로는 강철을 자기화하여 만들기도 한다. 인공적인 자석은 그 기능을 다하고 나면 별반 쓸모가 없어지고 만다.

근기根機라는 말이 있다. 범어로 indriya라고 한다. 근이란 뿌리를 말한다. 뿌리는 생명의 근원으로 줄기와 잎 그리고 열매를 지탱해 주는 원천이 된다. 만약 뿌리가 부실하면 잎과 열매는 순간에 기력을 잃고 말 것이다. 인드리야는 Indra에서 나온 말이다. 인드라는 우주를 창조한 브라마와 우주를 유지시키는 비슈누, 그리고 창조된 우주를 파괴시키는 시바를 거느리는 힘을 지니고 있다. 일상생활에서 종종 '그 사람은 근기가 없어 그 일을 감당할 수 있을지 걱정이라'고 염려하는 말을 쓰곤 한다. 반면에 그는 상근기라서 능히 그 일을 거뜬히 해낼 것이라고도 한다.

소크라테스는 배운다는 것은 잊어버렸던 것을 다시 기억하는 것이라고 갈파한 바 있다. 그러기에 과거세에 익힌 글이 신속하게 터득되는 사람도 있고 익혔던 기술이 쉬 손에 익는 경우도 있다.

옛날에 검술을 좋아하는 사나이가 있었다. 그는 용을 잡을 수 있다는 도룡검법屠龍劍法을 가르치는 도사가 있다는 말을 듣고 천릿길을 멀다 하지 않고 달려갔다. 그곳에서 3년 동안 열심히 검술을 익혔다. 이제는 다 익혔다고 만면에 흡족한 웃음을 머금고 익힌 검법을 시험하고자 용을 찾아 나섰다. 그러나 용을 볼 수가 없었다. 주변에 만나는 사람마다 붙잡고 "혹시 용을 본 적이 있습니까?"라고 물었다. "글쎄요, 용에 관한 이야기를 들은 적은 있지만 본 적은 없소이다." 결국 그는 도룡검법을 한 번도 써 먹을 수가 없었다.

세상일이란 무엇이든 배우고 익히면 다 될 것 같지만 영 딴판으로 흘러가는 경우가 허다하다. 결국 세월을 잃고 헛되이 힘만 소진하는 경우가 되고 마는 일이 어찌 헤아릴 수 있겠는가.

불교에서는 업보중생이란 말을 흔히 쓰고 있다. 업業이란 행위를 말하는데 누가 가져다 준다거나 떠맡기는 것이 아니고 자기 스스로 짓는 행위다. 그러니 그 결과에 대하여 누구를 원망한다거나 상황을 탓할 일도 전혀 아니다. 오직 자기가 짓고 자기가 과보를 받을 뿐이다. 어떤 이는 선업을 지었는데도 이렇게 찌들어 살고 있는 현실에 답답해하는 경우를 본다. 반면에 어떤 경우는 세상의 지탄을 받는 사람인데도 호의호식하는 모습을 보며 세상이 공평하지 못하다고 장탄식을 하는 경우도 있다. 이 문제의 해답은 간단하다. 자전거의 페달을 힘껏 돌리고 나면 일정 기간이 지나야만 멈추게 된다. 선이나 악업도 각각 멈추는 시기가 있다. 멈추었을 때를 과보를 받는 시기라 보면 된다. 바퀴가 돌고 있는 모양만 보고 있으면 답답할 뿐이다.

현대의학에서 DNA의 무게를 밝혀냈다. 60억 인구의 DNA 무게가 쌀 한 톨의 무게밖에 되지 않는다고 한다. 그렇게 가벼운 유전인자가 각기 다른 인간 유형을 만들어 내고 있다. 실로 무서운 에너지가 아닐 수 없다. 선禪에서 한 생각이란 말을 자주 쓴다. 깨침도 한 생각 한 찰나의 일이고 행과 불행도 한 생각을 어떻게 쓰느냐에 따라 엄청난 편차를 가져온다. 그러니 마음의 잡도리[5]를 잘 하지 않으면 생각 생각은 요동치기 마련이다. 항상 마음을 챙기는 사람은 위의가 있고 그 기풍이 남 다른 것을 느낄 수 있다.

음악회의 단상

지난주 음악회에 갔다. 리스트Liszt는 헝가리가 낳은 작곡가요, 피아노 독주자이다. 리스트라는 이름은 16~17세기경 헝가리 민족을 위해 공로를 세운 사람들에게서 많이 볼 수 있는데 음악가 리스트와는 직접적인 관계가 없는 것으로 알고 있다.

연주자는 피아노 독주곡 악보를 통째로 암기하여 건반 위에 토해 낸다. 우리가 무엇을 잘한다거나 숙달되었다는 말을 쓰는데 이런 경우가 아닐까 한다. 마지막 출연한 메조소프라노는 우리 가곡을 부르지 않을까 기대했었는데 웬걸 숨넘어가게 하나님만 찾고 있었다. 딱한 광경이 지속되었다.

종교(Religion)라는 말의 어원은 라틴어 religio이다. 동떨어진 신과 인간을 결합한다는 의미이다. 그 신은 차별이 있지 않은 평등한 성품을 지녔을 것이고, 인간 역시 지역이나 색깔로 나뉠 수 없는 동일한 사람이다. 종교가 지향하고자 하는 입장에서 보면 유일신의 신봉보다 만인의 이해와 사랑이 우선할 것이다. 관객은 리스트의 피아노곡을 이해하고 감상하고자 한 것이지 특정 종교의 선교회에 온 것은 결코 아니다.

종교는 Union(결합, 통합)과 Religion(종교)이 되어야 한다고 본다. 그래서 갈등 없는 통합된 종교(Uniligion)가 세상을 선도해야 하리라고 본다. 예술가는 자기 본분에 충실해야지 궤를 벗어나면 추하게 보일 수 있다. 그녀의 행위를 보고 Uniligion이라는 신조어를 만들게 되었다. 훗날 다음 세대가 마음의 여유가 생기면 그렇다고, 절묘한 표현이라고 갈채를 보내리라 믿는다.

일찍이 사회주의 체제의 거두였던 소비에트연방이 붕괴되었다. 그렇다면 자본주의가 온 세상을 지배하는 낙원이 되었는가. 지금 월가(Wall Street)에서는 공동분배와 실업자 문제를 해결하라는 목소리가 높아지고 있다. 마침내 진압 과정에서 부상자가 속출하고 있다. 이념도 이제 구시대의 유물이 되어 가고 있다.

그렇다면 이념의 대안은 무엇인가. 자연이다. 꽃을 노래하고 나무를 사랑하는 것이야말로 고금동서를 막론하고 인간이 추구해 온 공동 선이다.

형형색색이란 말이 있다. 색은 각각의 문화와 문명의 개성과 깊은 관계를 맺고 있다. 고대 이집트인들에게 사막의 붉은 모래는 불모의 땅을 의미했다. 나일 강의 홍수에 의해 초래되는 검은 흙이 생활의 원천이었다. 그래서 검은색을 풍요로움의 상징으로 존중하고, 붉은색은 그다지 좋아하지 않았다고 한다. 러시아는 숲의 나라이고 장작불을 상기시키는 붉은색을 신성한 색으로 선호하였다. 붉은광장(Красная площадь)[6]도 신성한 광장이라는 의미이다.

중국에서는 보라색과 노란색이 하늘과 대지를 상징하는 색으로 숭배의 대상이었다. 하늘의 중심에 위치하는 것은 북극성이고, 그 근처에 천제天帝의 궁궐인 자미궁紫微宮이 있다고 여겼다. 징조徵兆가 보인다는 말은 별의 움직임을 말한다. 인간의 행운이나 행복은 북극성이 지배한다고 믿고 있다. 풍수에서 으뜸가는 혈처를 자미원국紫微垣局[7]이라고 하는데 작은곰자리를 말한다. 실제로 별이 보라색으로 보이는 것은 아니지만 미묘한 자색으로 보인다고 믿고 이렇게 명칭을 붙인 것이다. 마침내 보라색은 우주를 총괄하는 천제의 색으로 존중하게 된 것이다.

또한 황하문명은 노란색의 대지인 황토 평원에서 발달했다는 이유에서 노란색이 대지를 상징하는 색이 되었다. 그 때문에 역대 왕조들의 황제가 입는 관복은 명황색明黃色이라 불리는 노란색을 이용했다. 북경 자금성 궁전들이 황색 기와로 덮여 있는 것도 그런 연유 때문이다.

영어로 블루 블러드blue blood라고 하면 귀족의 혈통, 귀족 출신, 명문을 나타내며, 왕실의 도자기에는 로얄 블루라는 파란색이 이용되고 있다.

『조당집祖堂集』제16권에 황벽희운 선사와 배휴裵休의 이야기가 있다. 배 상공相公이 어느 날 시름시름 앓다가 병이 깊어 죽고 말았다. 선사가 마침 그 집에 있다가 상공 곁을 떠나지 않고 그의 머리맡에 앉아서 상공을 지켜보고 있었다. 상공이 얼마 있다가 깨어났다. 깨어난 상공은 저승 일을 다음과 같이 말했다.

"내가 명부冥府에 들어가 보니 다리가 있어도 다닐 수 없고, 눈이 있어도 볼 수가 없었습니다. 억지로 4, 50리쯤 가다 보니 지쳤습니다. 그런데 갑자기 연못이 보이기에 내가 그 못으로 들어가려고 했습니다. 그랬더니 어떤 노승이 못으로 들어가지 못하게 했습니다. 그래서 다시 황벽 선사를 뵙게 되었습니다."

이에 선사가 말했다.

"만일 노승을 만나지 않았더라면 상공께서는 용이 될 뻔했습니다."

누구를 만난다거나 무엇과 무엇의 결합은 엄청난 에너지가 생성되고 신물질이 만들어진다. 수소와 산소의 적당한 배합으로 물이 만들어진다. 물은 만물을 성장시키는 원동력이 되기도 한다. 당장 성인을 대면할 수 없다 하더라도 그가 남긴 경전이나 어록을 접함으로써 인생의 틀이 완전히 바뀌기도 한다. 실제적 만남이 없이 피상적인 공상만으로는 그 무엇도 사상누각일 뿐이다.

검색이 됩니까

쌍둥이도 세대차이를 느낀다는 말이 있다. 세상이 얼마나 급속히 변하는가를 실감하는 말이다. 어느 시대이건 젊은이는 그 시대를 이끌어가는 견인차 역할을 하고 있다. 언젠가 과제물을 흑판에 열심히 적고 있는데 유독 한 학생이 눈에 띄었다. 필기할 생각은 전혀 하지 않고 휴대폰만 만지작거리고 있는 것이다. "왜 적지 않느냐?"고 물었더니 "적고 있다."라고 말하는 것이다. '아차! 시대에 뒤떨어진 질문이구나!' 바로 알아차리게 되었다.

검색이란 '책이나 컴퓨터에서 자료를 찾아내는 일'이라고 사전에는 설명되어 있다. 그런데 다수의 경우 책보다는 컴퓨터에 의존하는 경우가 허다하다. 컴퓨터에서의 검색은 몇 초 내에 이루어지고 그 다음 연기같이 구름같이 사라지고 만다. 문제는 몇 초 동안에 내 머리에 입력이 되느냐 하는 데 있다. 머리에 저장하려면 저

마다 기억력의 능력에 따라 다르겠지만 수십 번씩, 아니 어느 경우에는 일생 동안을 익혀도 잘 암기되지 않는 경우도 있기 마련이다. 그래서 학생들에게 책을 사서 공부해야 한다고 강조한다. 도서관의 책들은 만인이 이용하므로 깨끗하게 보아야만 하고, 오직 자기 책이 있어야 나름대로의 독서법에 따라 이런저런 옆잡이를 하며 공부할 수 있고 다음에 볼 때는 더욱 쉽게 익혀갈 수 있다고 지도하고 있다.

요사이 검색이란 말이 주변에 만연해 있다. 부모보다 앞서고 친구, 연인, 노을[8]보다 앞서는 말이 되었다. 그렇게 흔한 검색이 부모님의 사랑을 대신할 길이 없다. 친구의 진한 우정도 대신할 수 없으며, 저녁노을의 벅찬 환희를 대신할 방도가 없다. 왜 그럴까? 검색에는 숨결이 없기 때문이다. 검색은 감동이 없기 때문이다. 감동은 맥박의 고동소리에서 감지할 수 있다. 연인이 만나 콩닥거리는 고동소리를 인식하지 못한다면 이미 연인 사이가 아니다. 하나의 비즈니스의 대상일 뿐이다.

그리움이란 비단 세모에만 느끼는 것은 아니다. 그리움은 밀물보다 빠르게 몰려왔다가 썰물보다 속히 빠져 나간다. 계절에 무관하게 그리움이 순간순간 밀려오고 가는 것은 단순한 자연의 순환법칙 같은 것이 아니다. 그리움은 인간이 인간답게 살 수 있는 자양분이기도 하다. 그리움이 말라버린 인간 세상을 생각해 보라. 그 세계에는 오직 정글의 법칙만이 존재할 것이다. 그 세계야말로 강자가 약자를 포식하는 힘의 논리만이 적용될 것이다.

인간 세상에서 만나면 헤어진다는 원리를 벗어날 길은 없다. 생명 있는 것들은 소멸된다는 사실 앞에 거역할 자 누가 있겠는가. 그러기에 태생적으로 유한한 인간은 그리움을 안고 사는 것이 아닐까 한다.

조선 초기에 명재상 허조許稠[9]가 있다. 허조는 세종시대의 재상으로 날마다 새벽닭이 울면 세수하고 의관을 갖추고 앉아 책을 읽었으며 하루 종일 게으름을 피우지 않았다. 또한 나랏일을 의논할 적에는 자기의 신념을 지켜 남들의 눈치를 보며 줏대 없이 왔다 갔다 하지도 않았다. 부모님 기일에는 반드시 어머니가 손수 지은, 젊었을 때 입던 푸른 빛 단령團領[10]을 입고 애도의 눈물을 흘렸다. 단령이란 벼슬아치가 평소에 입는 잡무복으로 깃을 둥글게 만들었다. 부모님을 그리워하는 마음이 가슴 깊이 사무쳤던 것이다.

어느 날 밤이었다. 밤늦도록 책을 읽고 있는데 도둑이 들어 물건을 챙기고 있었다. 허조는 그 광경을 보고 놀라기는커녕 장승마냥 우두커니 보고만 있었다. 도둑이 나간 뒤에야 집안사람들이 알아차리고 수런거리기 시작했다.

허조가 집안사람들에게 말했다.

"이보다 더 심한 도둑이 마음속에서 싸우고 있는데, 어느 여가에 바깥 도둑을 걱정하리오."

집안사람들이 머리를 숙였다.

현대인이 망각하고 사는 것 가운데 하나는 마음의 도둑이다. 각자의 마음에 깊이 뿌리 잡고 있는 마음의 도둑은 검색이 될까? 아마 그에 대한 답은 손사래로 대신할밖에 뾰족한 묘수가 없을 것이다. 오라가 없어 못 잡는 것도 아니고 수사 인력이 모자라서도 아니다. 또한 국제적인 인터폴Interpol이 결성되지 않아서도 아니다. 가장 가까운 거리에 있는데도 마음의 도둑을 잡지 못하는 이유는 인간이 버리지 못하는 욕심 때문이다.

어느 날, 몸과 마음이 가뿐해지는 것은 무엇 때문일까. 무거운 욕심의 짐을 부려버렸기 때문이다. 이 가벼운 마음을 지속하지 못하고 탐심을 켜켜이 쌓아 가면 육신이 찌뿌듯하고 마음이 맑지 않다고 주변에 하소연을 하기도 한다.

검색되지 않는 것이 비단 마음과 그리움뿐이랴. 뜨거운 감격의 눈물도 검색되지 않을 것이다.

내가 몇 살이더라

작열하는 태양이 눈부시게 비치는 밖에 있다가 집 안으로 들어오면 어둡게 느껴진다. 집안의 사물이 선명하지 않아 눈을 부비며 집기를 잘 보려고 하기도 하고 책을 들추면 더더욱 아른거리기 일쑤이다. 눈이 바깥의 빛에 익숙해져 있기 때문이다. 빛이 너무 많은 곳에서는 눈동자가 축소된다. 반면에 어두운 곳에서는 눈동자가 확대된다. 어둠 속에서는 조리개를 더 열어야 하지만 빛이 있는 곳에서는 조금만 열어도 된다.

밖에 있다가 안에 들어가면 아주 어둡게 느껴지는데, 그럴 때 잠시 앉아서 기다리면 점점 어둠이 사라지고 빛이 보이기 시작하는 것을 체험한 적이 있다. 우리의 눈이 적응하기 시작하는 것이다. 우리는 여러 생 동안 햇빛이 눈부시게 반짝이는 바깥세상에서만 살아왔다. 그래서 내면의 세계에 들어가는 법을 망각했으며, 그

곳에서 자신의 눈을 어떻게 적응시켜야 하는지 잊어버렸다. 내면의 세계를 반조해 볼 수 있는 여유를 가지고 상실된 내면세계의 진주를 찾는 작업이 수행이라고 본다. 불성을 찾는 작업이고 달리 말하면 우리 몸에 갖추어져 있는 장엄스런 본래 부처님을 찾는 것이다.

수행에 전념하는 수도승이 있었다. 그에게는 몇 년 몇 월 몇 일이란 개념이 없었다. 오직 불도를 닦는 것이 지상의 목표이기 때문이었다. 어느 날 길손이 찾아 들었다. 길손이 물었다. "스님은 이곳에서 얼마 동안이나 수행하고 있습니까? 그리고 몇 살이신지요?"라고 말을 건넸다. 수도승은 대답했다. "내 나이 몇 살인지 모르고, 낙엽이 지니 가을이 왔음을 알 뿐이네(山僧不解數甲子 一葉落知天下秋)." 참 소중하기 그지없는 말이다.

어떤 이들은 몇 안거를 났다고 안거의 수에 집착하는 사람들이 있다. 혹은 절 기도를 하면서도 기도에 일념하는지 삼천 배라는 숫자에 매여 수를 세고 있는지 모르겠다는 생각이 드는 사람도 있다. 『금강경』을 독송하면서도 몇 독을 했다고 수를 앞세우기도 한다. 또 「보문품」을 독송한다면서도 경전 속의 깊은 뜻을 놓치는 경우가 눈에 띈다. 이러다 보면 수박 겉핥기식이 될 수도 있다. 어둠 속에서 조리개를 더 열어야만 안의 사물을 선명하게 볼 수 있듯이 우리가 수행을 한다는 것은 안거증이나 숫자 세기가 아니라 동면하고 있는 씨앗을 발아시켜 싹 틔워 꽃피우고 좋은 열매를 맺게 하는 작업이다.

그렇게 희구하는 극락세계가 어디에 있는가. 그렇게 두려운 지옥은 어디에 있는가. 멀리 있지 않다. 아주 가까운 곳에 있다. 극락세계나 지옥은 장소가 아니라 정신적인 영역이다. 극락세계나 지옥이 우리 마음속에 있다. 선에서는 유심정토唯心淨土를 강조한다. 오직 마음속에 정토가 있다는 것이다. 우리가 숨 쉬고 있는 이곳을 예토穢土라고 규정하고 정토타령만 한다면 내 주변 모두가 뒤틀린 세상이 되고 만다. 내 수중에 있는 것은 오직 지금 이 삶뿐이다. 왜 내 수중에 있는 것을 소홀히 여기는가. 지금이 제일 소중한 것이다.

지금 세상을 현겁賢劫이라고 한다. 범어로는 bhadra-kalpa이다. bhadra는 '아름답다', '축복받다', '사랑스럽다'라는 뜻이다. 장엄겁은 과거세상이고 성수겁은 미래세상을 말한다.

산행을 하다 보면 숲속에서 산새들의 이동을 본다. 하늘을 보면 기러기의 행렬을 보기도 한다. 새들에게는 성스러운 경전이 있는 것도 아니다. 그런데 그들은 질서를 알고 있다. 질서를 지키지 않으면 어떠한 재앙이 닥칠지도 알고 있는 듯하다. 산새들도 엄연한 질서 속에 이동을 한다.

동물(animal)이란 말은 anima에서 나왔다. 이 말은 단순히 살아있음을 뜻하는 말이다. 혹은 종교학에서는 정령精靈이라고도 한다. 동물과 동의어로 inhuman이 있다. 이 말은 정상적인 인간의 자질이나 호의가 부족한 것이라고 풀이하고 있으나 인간의 시각으로 동물들에게 가혹한 정의를 내리고 있지나 않은지 깊은 성찰이 따라야 할 것이다.

한 해를 마무리하면서 살펴볼 것이 있다. 그것은 각자의 내면의 세계를 얼마나 반조해 보았느냐는 것이다. 우리 마음이 관성慣性의 법칙에 따라 행동하고 있는 것은 아닌지 살펴보아야 한다. 예전의 그릇된 습성이나 가치기준을 점검할 줄 모르고 타성에 젖어 해를 거듭하다 보면 영영 내면의 진주는 찾을 길이 없다.

세월 가는 줄 모르며 나이도 잊고 정진에 몰두한 산승의 마음자세가 잔잔한 물결로 밀려오는 것은 비단 필자만의 일은 아니라고 본다. 이런 세모가 되면 모든 것이 아쉬움으로 남고 지난날의 일들이 후회로 밀려오기도 한다. 이제 모든 것 훌훌 털고 일어나 아쉬움이 없는 새해맞이 채비에 몸과 마음을 기울여야겠다.

날마다 하는 강의이건만 오늘은 왜 이렇게 만감이 교차될까. 마지막 강의 시간이기 때문일까. 마지막이란 이렇게 아쉽고 설레는 일인가 보다. 30년 전 첫 강의도 설레긴 마찬가지였으나 오늘의 설렘과는 의미나 내용이 판이하게 다르다.

"여러분! 오늘은 마지막 강의시간(2011. 12. 8)입니다. 이번 학기 종강 시간이기도 하고, 지금까지 교단생활을 하며 가르쳤는데 경험으로 보면 학생들이 배운 것을 모두 잊지 않고 세상에 나가 활용한다는 것은 어려운 일이라고 봅니다. 그래서 평소 여러분에게 힘주어 강조하는 말은 단 두 가지가 있습니다. 하나는 '정직하라'이고 또 하나는 '질문하라'입니다.

자, 정직이 얼마나 중요합니까. 만약 어느 거짓말쟁이가 지도를 거짓으로 그려 놓으면 어떠한 결과가 오겠습니까. 후세 사람들은 그 지도에 의지하여 목적지를 찾아 가려고 하지만 그곳에 당도할 리 만무합니다. 사실이 아니기 때문입니다. 거짓은 이렇게 혼돈을 야기시키는 것입니다. 어느 시인은 '지상에서 가장 아름다운 것은 하늘의 별이고 내 마음의 도덕률이다'라고 노래했습니다. 진주를 깔아 놓은 듯한 하늘의 별은 우리에게 꿈을 키워주고 희망을 주고 인간을 선량하게 하는 묘약이 되기도 합니다. 내 마음의 도덕률이란 양심을 말합니다. 누구에게나 소중한 양심이 있으나 도깨비에게 홀린 듯 갈팡질팡 중심을 못 잡는 것은 물질의 유혹에 눈이 어두워 양심에 뿌옇게 성에가 낀 상태가 되기 때문입니다.

학문學問을 한다는 것은 무엇을 말합니까. 이는 배우고 질문하는 것을 일컫는 말입니다. 배우기만 하고 질문하지 않는다면 배운 것이 옳은지 틀렸는지 검증 받을 길이 없습니다. 그러니 반드시 질문의 생활화가 필요한 것입니다. 아무리 열심히 일한다고 해서 일한 만큼 부귀해지는 것이 아닙니다. 예상했던 것보다 훨씬 행복해지고 부유해지려면 열심히 생각해야 합니다. 사유 없는 행동은 피스톤의 작용처럼 단순 동작에 지나지 않습니다.

한편 나는 이 교정의 어느 나뭇가지에 새순이 제일 먼저 봄소식을 전하는지도 알고 있으며 어느 나무가 가을을 알리는 전령인 줄도 잘 알고 있습니다. 그리고 이 땅에 민주주의를 갈망하여 '독재 타도!'를 외치다 간 선배들의 영혼을 달래기 위한 동우탑東友塔에도

4·19 의거일에 잊지 않고 찾아 분향하는 곳이기도 합니다."

　복권을 구입하여 당첨이 되면 기뻐하고 그렇지 못하면 낙담하기도 한다. 그런데 당첨된 숫자에 기쁨이 담겨 있다거나 빗나간 숫자에 슬픔이 깃들어 있는 것이 아니다. 오직 마음이 어느 쪽으로 작용했을 뿐이다. 마지막 강의시간에 대한 의미 부여는 내가 했을 뿐이고 강의실이나 흑판이나 분필, 지우개는 미동도 하지 않고 그저 그렇게 예전처럼 그 자리에 있을 뿐이다. 그러기에 일체유심조一切唯心造라 하지 않았을까.

　조趙나라의 도읍이 한단邯鄲이다. 노생盧生[11]이란 가난한 선비는 어느 주막에서 여옹呂翁이란 도사를 만나 자기의 궁핍한 처지를 한탄하였다. 그때 여옹은 가지고 있던 보따리 속에서 베개 하나를 꺼내주면서 "이 베개를 베고 자면 뜻한 대로 부귀영화를 누리리라." 했다. 도사가 시키는 대로 베고 자니 절세의 미인을 만나 장가들고 과거에 급제하여 무궁한 영화를 누리는 꿈을 꾸었다. 깨어나 보니 주막의 주인이 앉히던 메조 밥은 아직 끓지도 않았다. 이에 쓴 입맛만 다시며 머리를 긁적이고 있는 노생에게 도사는 "세상일은 이와 같을 뿐이다."라고 말했다. 유한한 인생의 덧없음을 비유한 말이다.

　영원할 것 같은 것이 영원한 적이 없다. 어제의 세도가가 오늘은 얼굴을 떨구고 지상에 나타나는 경우를 흔히 볼 수 있다. 그들이 노생의 꿈을 몸에 익혔더라면 저렇게 일그러진 모습은 보이지 않았을 터인데 하는 아쉬운 연민도 갖게 된다. 노생의 꿈보다 메뚜기도 한철이라는 기회주의가 머리를 꽉 채우고 있기 때문이 아닐까 한다. 누구나 찰나를 살다 가는 초로인생의 여정에 잠깐 그 자리에 머물다 가는 나그네인 것을.

현명한 어머니를 구모歐母라고 한다. 송나라 구양수歐陽修[12]의 어머니는 집이 몹시 가난하여 싸릿대로 땅에 글을 써서 아들을 가르쳤다는 고사에서 나온 말이다. 요즘 학부모들은 자식을 온갖 학원으로 내몰고 있다. 사연이야 구구절절하다. 학원도 중요한 몫을 하지만 원론적으로 사려 깊은 자녀로 키우려면 생각하는 습관을 길러 주어야 한다고 본다. 어머니의 가르침에 따라 훌륭한 학자가 된 구양수에게 어찌해야 글을 잘 쓸 수 있는지 질문을 했다. 이에 그는 삼다三多를 강조했다. 책을 많이 읽어라(看多), 글을 많이 써 보아라(做多), 깊이 생각하라(商量多). 그러면 좋은 글을 쓸 수 있다고 가르쳐주었다. 생각할 줄 모르는 영혼은 들녘에 떨고 서 있는 허수아비와 다를 바 없다.

세상에는 웬 도채塗彩장이[13]가 많은지 모를 일이다. 겉 채색만 하지 말고 속을 아름답게 치장하는 일을 게을리해서는 안 된다. 겉만 쫓다 보면 허기와 갈증은 면하기가 어려운 일이다.

이제 회상한다. 그 마지막 시간에 숙연한 모습으로 초롱초롱한 눈으로 귀 기울여 강의를 들었던 학생들의 모습이 푸른 창공에 흰 구름마냥 화사한 웃음을 지으며 '안녕하라'는 목례로 답하고 있다. 그들은 아마 희망이란 작은 불씨를 키워 갈 것이다.

첫 경험

 '첫 경험'이라고 하면 사람에 따라 엉뚱한 생각을 하는 경우도 있다. 첫 경험을 남녀간의 육체적 관계로만 한정짓는 일이 허다하기 때문이다. 그러나 이것은 지극히 부분적인 사고이다.
 3월은 첫 경험의 달이라고 이름 붙이고 싶다. 초등학교부터 대학에 이르기까지 입학식이 있고, 모든 강좌가 열리기 때문이다. 낯선 학교와 교실 그리고 구름 떼처럼 밀려오는 낯선 친구들을 만나게 된다. 예전 학교와는 달리 높은 층의 학교는 친근감보다 두려움으로 다가오기 마련이다. 그러다가도 곧 익숙해져 주변에 우리 학교는 높이가 몇 층이나 된다느니 교실에 비치된 교재들이 새 것이라고 뽐내기도 한다. 인간은 두려움도 이내 감내하는 저력을 가지고 태어나는 것인지도 모를 일이다.
 요즘처럼 자동차가 범람하고 있는 시대에 첫 경험은 단연 자동차 핸들을 잡고 도로를 질주하는 일일 것이다. 평소 걸어서 한 시간쯤 걸리던 거리를 몇 분 사이에 달리는 기분은 문명의 이기가 주는 기쁨이다. 그렇다면 아늑한 엄마 품에서 먹고 자라다 이유식을 시작했을 때의 괴로움과 엄마 치마폭을 벗어났을 때의 두려움은 어떠했던가. 참 가공할 일이다.

누가 뭐라 해도 인간의 첫 경험은 두려움이다. 태어났을 때 상황을 자신은 기억하지 못한다. 그러나 세상에 태어나 일성은 '응애'라고 알고 있다. 즉 첫 번째 행위가 우는 것이다. 이런 행위는 지극히 두렵기 때문이다. 아기는 자궁이라는 세상에서 아주 만족스럽게 살았다. 어떤 부족함도 없이 욕심도 없이 살았다. 존재한다는 사실이나 성장 자체를 즐기며 살다가 세상 밖으로 내동댕이쳐졌을 때의 두려움을 어찌 말로 다 표현할 수 있단 말인가.

인간은 그 고요하고 안락했던 시절을 그리워하며 뭔가를 만들기 시작했다. 자궁 안과 비슷한 느낌을 줄 수 있는 물침대를 개발하였고, 뜨거운 욕조에 들어가 몸을 눕히기도 한다. 목욕을 진짜 즐길 줄 아는 사람은 목욕물에 소금을 타기도 한다고 한다. 자궁의 양수羊水는 바닷물과 같은 농도로 짜기 때문이다.

길손이 종일 걷다가 그리워지는 곳은 집이다. 원시인들이라면 동굴일 것이다. 집에 가면 휴식 공간도 있고 낯익은 가족이란 얼굴들이 주는 편안함도 있다. 가족간에는 장황한 말 없이도 통하는 소통의 언어란 단조롭기 그지없다. 원시인들의 수렵생활은 맹수에 노출된 위험상황이 도처에 있다. 그때의 두려움을 벗어나게 하는 곳은 동굴이다. 비행기도 그렇다. 자리에서 버튼을 누르면 승무원이 곧 앞에 대기한다. 그는 승객의 불편함을 즉시 해결해 준다.

동굴과 집이 있어도 두려움은 소멸되지 않고, 비행기를 타고 하늘을 날아 봐도 두려움은 가시지 않고 쌓여만 가는 것이 인간의 삶이다. 범어로 두려움을 udvejana-kara라고 한다. '흥분이나 고통을 야기시키는 것'이란 말이다. 세분해 보면 udvejana는 '공포나 추위로 떨다'라는 말이고, kara는 '광선'이란 뜻이다.

두려움을 해소하는 길은 유형의 것에서 충족될 수 없다. 무형의 것에서 완성을 이룬다. 고대광실에 사는 사람의 삶이 그리 편안하지만은 않고, 높은 지위에 있는 사람의 행동이나 눈길을 보면 왠지 초점을 잃고 사는 경우를 쉬 발견할 수 있다. 그들에게서 안정을 찾아보기란 어렵다. 지니지 않은 사람의 삶, 안빈낙도의 일상에서 여유와 편안함을 느낄 수 있다. 그에게서 두려움을 발견하기란 쉬운 일이 아니다.

인간의 마지막 경험도 두려움이다. 그런데 붓다의 열반상에서는 어떠한 두려움의 기색도 보이지 않는다. 마치 오아시스를 만난 대상大商마냥 편안함이 깃들어 있다.

인도인들은 내세가 따뜻하길 바라지 않는다. 일 년 내내 더운데다 더욱이 넉 달은 살인적인 더위이기 때문이다. 그들이 갠지스 강을 성수라 하여 목욕재계하는 것도 더위를 극복하려는 행위일 것이다. 인생의 마지막도 갠지스 강에 목욕하고 그곳에서 삶을 마감하고자 하는 발원도 더위 극복이라는 염원이 담겨 있다. 물론 갠지스 강 상류에 시바신이 살고 있기 때문에 성수로 여기고 있다는 사실도 놓쳐서는 안 될 일이다.

반면에 티베트인들은 내세가 선선할 것이라고 생각하지 않는다. 추운 곳에 사는 그들에게 날씨가 선선한 내세는 끔찍한 일이다. 내세가 추울 것이라고는 상상할 수 없다. 임종하면 몸이 따뜻해질 뿐 아니라 사시사철 따뜻한 새 세상으로 들어가기 때문이다.

이렇게 보면 세상의 모든 종교는 각기 다른 방법으로 내세를 설정하고 있다. 모든 사회와 문화도 각기 다른 지리적 특징과 다른 역사에 근거하기 때문이다.

두려움을 통과의례쯤으로 맞는다. 중생과는 달리 붓다나 역대 조사들은 색다른 첫 경험을 하였다. 그 색다름이란 누구나 쉽게 맛볼 수 없는 깨달음의 경지다. 깨달음은 신분의 고하, 부의 유무로 구별되지 않는다고 강조하고 있다. 느끼고 맛보고 누릴 수 있는 깨달음의 첫 경험이야말로 자신의 삶을 두려움에서 벗어나 넉넉하게 하고 이웃에게도 풍요로운 삶을 누리게 할 수 있는 묘약임이 분명하다.

잘 보기

며칠 전 안과에 갔다. 눈물이 자주 고이기도 하고 눈이 워걱거리는[14] 양이 무슨 사달이라도 나지 않았나 염려가 돼서였다. 의사의 권유에 따라 안압도 재어 보고 백내장 검사도 했으나 정상이란다. 검사 전보다 몸이 훨씬 가벼워졌다.

여태껏 안경을 쓰지 않고도 사전을 볼 수 있다는 것이 다행스럽기 그지없는 일이다. 예전에 누군가가 "스님은 시신경이 남들보다 하나 더 있는 모양이에요."라고 했던 말이 떠오른다.

거울은 비단 외출할 때만 사용하는 물건이 아니다. 아무 때나 자기 모습을 점검할 수 있는 필수품이다. 그러다 보니 집안에 한두 군데 거울이 없는 집이 어디 있으랴. 거울 앞에 서면 육신이 훤히 보인다. 그런데 거울 앞에서 육신이 확인되지 않았던 일이 있다. 연전에 하얀 실오라기가 머리에 붙어 있기에 털어내려고 했으나 떨어지지 않았다. 재차 시도해 봤으나 헛수고였다. 어느 결에 흰머리가 내려앉았던 것이다.

　세월은 무심히 흘러간다고 하지만 꼭 그런 것만은 아닌 듯하다. 세월은 경이로움도 안겨 준다. 그때의 심경은 분명히 경이로움이었다.

　거울 앞에 서면 한 순간에 온몸이 드러난다. 마치 요람에서 새근거리는 어린 아이를 보는 엄마의 시선과도 같이 한눈에 들어오는 거울이다. 몸을 그렇게 비추듯 마음을 확인할 수 없을까? 방법이 있다.

　마음을 보기 위해서는 독서를 해야 한다. 독서를 한다는 것은 마음을 건강하게 하는 원동력이다. 육신을 비추는 거울은 돈으로 살 수 있다. 그렇지만 독서는 정성을 쏟아야만 마음을 비춰 볼 수 있는 것이다.

　혹자는 육신을 단련시켜 복근을 자랑하는 모습이 보이기도 한다. 신체의 건강을 위함을 누구 하나 탓할 리 없다. 하지만 건강도 육신의 건강만 유별나게 신경 쓰는 세상인 듯하다. 건강이 어찌 몸 건강뿐인가. 마음의 건강도 그에 못지않다.

　책을 읽는 것은 부엉이살림[15]과 같이 부지불식간에 정신세계가 풍요로워지는 것이다. 콩나물시루에 물을 주면 곧 흘러내리고 만다. 그래도 물주기를 거듭하다 보면 어느 결에 콩나물은 시루 오둠지[16]를 넘어서게 된다.

마음 건강 챙기기에 소홀하면 세상이 시끄러워지기 쉽다. 온정이 없는 세상이 되기 때문이다. 양보가 없고 이해가 없는 세상이 되기 쉽기 때문이다.

석존이 강조한 것은 잘 보기였다. 잘 보아야만 이 세상은 훈훈하고 갈등이 가라앉는다고 믿었기 때문이다. 잘 본다는 것이 정견正見이다. 범어로 정견을 samyag-drishti라고 한다. samyag는 '한 방향으로 나아간다', '함께'의 뜻이고, drishti는 '심안으로 보다'라는 뜻이다. 이렇게 보면 본다는 불교적 표현은 단순히 보는 것이 아니고 한 방향으로 심안으로 보는 것이므로 육안으로 본다는 뜻과는 의미가 상당히 다르다는 사실을 알게 된다.

정견은 통찰이요 확신을 말한다. 정견이야말로 바깥 세상에 신경 쓰라는 말이 아니다. 밖이야 거울 한 번 보면 그냥 알 수 있는 것이다. 그러나 내면세계는 오묘하기 그지없어 몇 번 본다고 이해되고 깊이 알 수 있는 일이 아닌 듯하다.

마음은 어제 마음 다르고 오늘 마음이 다르다. 그렇듯이 시시각각으로 변하는 마음의 작용이란 이루 헤아리기 어렵다.

현대인은 재테크라는 말을 빈번히 쓰고 있다. 그런가 하면 정신 없이 산다고 스스럼없이 말하기도 한다. 이렇게 금전에만 급급해서 자신을 돌아볼 줄 모르는 사람들만 모인 세상이라면 여간 불안하고 위험한 세상이 아닐까.

몸만 건강한 사람이 사는 세상은 참 위험스러울 것이다. 마치

브레이크가 고장 난 자동차를 운전하는 것 같기 때문이다.

자신을 풍요롭게 하고 이웃을 유익하게 하는 재테크는 단연 독서하는 즐거움에서 찾아야 마땅하다고 본다. 여기서 안주하지 않고 더 풍요로워지고 싶다면 책마저도 놓아버리는 것이다. 통은 비어 있어야 채울 수 있기 때문이다. 비운다는 것은 잃어버리는 것 같지만 내용 면에서는 그렇지 않다. 비어 있다는 것은 무엇이든 담을 수 있는 무한한 가능성을 지니고 있다. 보면 볼수록 갖고 싶은 마음도 헐떡거리는 마음도 닦아가노라면 가치관이 달라지게 된다.

유심히 보면 지니는 것은 헐떡거림이요 갈증의 원천이라는 사실을 여실하게 알 수 있다. 그때의 즐거움은 체험한 사람만이 누릴 수 있는 지복至福일 테니까.

퇴임 고불식

간밤에 철 지난 은죽銀竹[17]이 내리는지 후두둑거리는 소리가 요란스럽다. 한국선학회 추계 학술대회가 있는 날이다. 학회에서 필자의 정년퇴임 고불식이 있다고 한다. 언제 세월이 이렇게 흘러 정년이 되었는지 정말 실감이 나지 않는다. 그러나 엄연한 현실인 것을 어찌하랴.

답례로 '선과 경전의 새로운 패러다임 모색'이란 주제로 기조발제를 하였다.

생명 있는 모든 것들은 시작과 끝이 있게 마련이다. 시작의 귀착점이 끝이라면 끝 또한 시작의 출발점이라고 본다. 끝이 없는 시작은 세상에 존재하지 않는다고 생각한다. 남산 기슭을 오르내린 지 어언 40년 세월이 흘렀다. 삶의 대부분을 모교에 바친 셈이다. 무슨 고지를 먹은 소작농도 아니련만 학교란 도량을 벗어나지 못하고 살아온 것은 자신을 완전연소시키고자 하는 일에 취함이 아니었을까 회고해 본다.

교수의 일이란 두 가지로 대별될 것 같다. 그 하나는 가르치는 것이고 또 하나는 연구에 매진하는 일이다. 이 중요한 두 가지 일에 선행되는 절박한 문제가 있다. 도를 이루면 그 경지를 게송으로 표현해야 되는데 판무식은 면해야 되지 않을까 하는 것이다. 말더듬이가 아무리 자기 속내를 그려내려고 해도 상대에게는 기별이 가 닿지 않듯이 문자를 모르면 어찌 도의 경지를 표현할 수 있겠는가 하는 의구심이 학교를 오게 된 동기가 된다.

앎과 지식, 이 말은 유사한 듯하지만 판이하게 다르다. 앎이란 두 눈을 뜨고 자신이 직접 보는 것이다. 그러니까 자신만의 체험이 된다. 이 체험은 어디서 빌려올 수 있는 것이 아니다. 그런가 하면 지식이란 눈 뜨고 본 사람의 정보를 주워듣는 것이다. 그러므로 시각장애인도 지식을 얻을 수 있다. 장애가 있어도 빛에 관한 수많은 정보를 모을 수 있다. 농구나 야구 규칙도 꿰고 있을 수 있으나 공을 넣고 던지거나 홈런을 날리는 일이란 거의 불가능한 일이다. 지식은 피상적인 것이다.

선이 추구하는 것은 자신의 직접적인 체험에 있다. 이 체험은 언어로 표현된다. 언어를 여읜 선은 방향을 잃은 배와 같다. 어느 곳에 도달할지 예상하기 힘들다. 어쩌다 우연히 다다른다 해도 그곳이 어떤 곳인지 그것이 무엇인지 자신이 어찌해야 하는지를 모른다. 언어를 통한 선은 철학이고 관념이며 한낱 유희에 불과하다. 언어를 통해 선을 터득하려는 것은 종이 위에 그려진 지도를 보고 목적지에 도달하려는 유희에 지나지 않는다.

선과 언어는 만나야 한다. 각각으로 존재해서는 선이 진정한 선이 될 수가 없다. 생명이 있는 언어는 그 자체가 곧 선이다. 더 이상 선과 별개의 것이 아니다. 언어를 지닌 선은 살아 있다. 선은 언어를 통해서 부처가 되고 중생이 되며, 꽃이 되고 물이 되며, 시간이 되고 공간이 된다.

어느 글방에서 학동들에게 글을 읽히는데 한 아이는 글을 열심히 읽지 않고 있었다. 훈장은 화가 나 어찌 그리 글 읽기를 소홀히 하는지 꾸짖었다. 그러자 학동은 훈장에게 정중히 묻는 것이다. "하늘을 보면 푸른데(視天蒼蒼), 하늘 천 자는 왜 푸르지 않습니까?(天字不碧)"[18]라 하였다. 실로 깜짝 놀랄 질문이다. 교단생활을 하면서 이러한 문제의식을 가지고 학문에 접근하는 학생을 보고자 했다. 그 결과가 여의치 않은 점은 전적으로 동기 유발을 하지 못한 내 탓으로 돌린다.

선에서는 직관의 세계를 개발하기 위해 부단히 정진한다. 이 직관(intuition)은 인간의 내면세계에 존재해 있던 무엇이 떠오르는 것이다. 이것을 지혜라 해도 무방할 것이다. 이 지혜는 외부에서 빌려올 수 있는 것이 아니다. 설령 빌려왔다면 단순한 지식일 뿐이지 참지혜는 아니다.

경허의 제자 가운데 혜월 선사가 있다. 선사는 기지가 넘치는 지혜를 발하였다. 부산 선암사에 큰방 가득히 전국의 강백들이 다 모인 자리에서, "나는 일자무식이니 여러분에게 하나 물어봅시다."라고 하며 죽비를 방바닥에 굴리고 나서 "이게 무슨 자字요?"라고 물으니 누구 하나 입을 떼지 못하고 침묵이 흘렀다. 한참 후 선사는 "임금 왕王 자가 아니요, 흙 토 위에 죽비가 놓였으니 말이오."라고 말하고 호탕하게 웃었다고 한다. 이와 같이 직관의 세계는 사족이 붙을 수 없고 사량분별이 따르지 않는다.

반면에 투이션tuition은 직관과 판이하게 다르다. 투이션은 밖에서 오는 가르침이다. 소위 티칭이라고 한다. 교육을 받는다는 것은 외부로부터의 가르침을 말한다. 스승이 의도하는 대로 따라서 익혀 나간다. 어찌 보면 따라 한다는 것이 무미건조한 듯하지만 꼭 그렇지만은 않다. 회상해 보면 어린 시절 구구단을 열심히 따라 외우고 익혔기에 실생활에 활용하여 엄청나게 편리함을 느끼게 된다. 가르침을 받지 않고 직관의 세계에 고개를 내밀고 기웃거리는 일이란 준비운동 없이 마라톤을 완주하겠다는 단순한 의욕에 지나지 않는다.

돌이켜 보면 곁눈질하지 않고 외길을 걸어온 자신에게 그저 고마울 뿐이다. 그리고 쉼 없이 원고지를 메꿔 왔던 결실이 해가 바뀌면 전집으로 출간되어 세상에 선 보일 터이니 작은 설렘도 따른다.

오르는 산행길은 가파르기도 하고 숨도 가쁘다. 정상에서의 해돋이도 찬란하지만, 내리막길은 편안하고 눈 익은 길이며 석양의 일몰도 아름답다.

봉투바람

　쉬운 일이나 좋은 기회가 있다 하여도 힘을 들여야 한다는 말을 속담에서 '부뚜막의 소금도 집어넣어야 짜다'고 한다. 세상에 쉬운 일이 많은 듯하지만 알고 보면 부단히 익히고 반복한 결과가 쉽다는 말로 표현되고 있는 것이 아닐까. 기회도 또한 그렇다. 누구에게나 똑같은 조건이 주어지지만 누군가는 참 좋은 기회가 왔다고 생각하는가 하면 또 다른 누군가는 자기에겐 역경만 닥친다고도 한다. 기회도 쉼 없이 노력하는 사람에게는 순경이 되겠지만 그렇지 못하면 항상 헐떡거리기 일쑤다. 속담이 주는 교훈은 실천을 강조한 가르침이다.
　『백유경百喩經』에서도 아는 것보다 실천하여 몸에 체득되어야 함을 강조한 가르침이 있다.
　어떤 장자의 아들이 여러 장사꾼과 함께 보물을 캐러 바다로 들어갔다. 장자의 아들은 평소 바다에 들어가 배를 부리는 방법을 잘 외우고 있었다. 만일 바다에 들어가 물이 돌거나 굽이치거나 물결이 거센 곳에서는 어떻게 배를 잡고 어떻게 머물러야 한다고 여러 사람들에게 말했다.

"바다에 들어가는 방법을 나는 다 안다."

사람들은 그 말을 듣고 의심 없이 믿었다. 바다 가운데 들어간 지 얼마 되지 않아 선장이 갑자기 병을 앓다 죽었다. 그래서 장자의 아들이 그를 대신해서 일을 맡게 되었다. 물이 굽이쳐 돌며 급히 물살이 흐르는 곳에 배가 이르렀을 때 그는 외쳤다. "배를 이렇게 잡고 항해해야 한다." 그러나 배는 빙빙 돌기만 하고 앞으로 나아가지는 않았다. 그래서 보물이 있는 곳에 이르기도 전에 배안의 모든 사람들은 익사하고 말았다.

범부들도 그와 같다. 참선하는 법이나 들숨과 날숨을 세는 법이나 또는 부정관不淨觀을 조금 익혀 비록 그 자구字句는 외우지만 이치는 알지 못하고, 사실은 갖가지 방법을 알지 못하면서도 스스로 잘 안다고 말한다. 그리하여 망령되이 선정의 방법을 가르치니 앞의 사람을 미혹케 하고 어지럽혀 마음을 잃게 한다.

『백유경』에서 시사하는 바 크다. 세상에는 자신을 수양하는 공부가 우선이 되어야 하는데 남에게 보이기 위한 공부를 하는 경우가 허다하다. 송곳을 주머니에 넣으면 드러내려고 하지 않아도 스스로 주머니 밖으로 삐져나온다는 사실을 터득했음에도 쉽게 망각하고 마는 것은 무명의 늪에서 헤어나지 못하는 중생의 우치한 면면 때문이다. 함량이 모자라고 역량이 부족한 사람일수록 무명의 소沼는 넓고 깊게 마련이다.

요사이 웬 봉투바람이 그리 거센지 모르겠다. 봉투는 불만이 많을 듯하다. 봉투의 속성은 지고지순하다고 본다. 그리운 사람을 만나지 못해 그리움이 사무칠 때 절절한 사연을 담아 우체통에 넣었던 편지봉투가 아니던가. 타향살이에 심신이 지쳐 고향산천을 그리며 그곳 친지에게 안부를 물어 소식을 전하던 편지봉투이기도 하다. 전선을 철통같이 지키는 병사들은 부모님께 위안의 사연을 담아 보내고, 부모들은 자식의 병영생활이 무탈하기를 기원하며 주고받았던 편지봉투이기도 하다.

그러한 봉투가 옛 모습은 찾을 길 없이 돈 봉투로 변색이 되었다. 정치권에서 일기 시작한 돈 봉투 사연은 공방을 거듭하고 있다. 한쪽은 주었다 하고 한쪽은 받지 않았다고 옥신각신하고 있다. 마침내 정치권의 돈 봉투는 거센 바람을 일으켜 입법부의 수장이 책임을 지고 자리에서 물러났다. 스포츠의 경우 공정한 경기에 매료되어 경기장에서 관중은 환호를 외친다. 이 세계도 돈 봉투에 물들어 공정함은 상실되고 말았다. 종교계라 해서 예외는 아니다. 며칠 전 연일 뉴스로 다루어진 본사 주지 선거의 면면이 적나라하게 방영되는 것을 보고 누구든 눈살을 찌푸리지 않는 이가 없었을 것이다.

범어로 종교를 siddhānta라고 한다. siddh는 '완성하다'는 뜻으로 진리를 깨달은 최고의 경지를 종宗으로 표현한다. anta는 '끝', '종결'이라는 뜻으로 진리를 말로 표현하여 가르치는 행위를 교敎라고 한다. 여기서 종교의 사명은 분명해진다. 진리를 깨달아 중생제도를 하기 위하여 사회에 주저하지 않고 참여하는 것이다. '초심으로 돌아가자'는 말이 철 지난 구호에 그친다거나 공산의 메아리가 되어서는 안 된다.

조금만 돌이켜 생각해 보면 나의 현주소가 어디인지 알 수 있는 일이다. 알았으면 바로 실천하면 된다. 알기만 한 것이 얼마나 위험스러운 일인가를 『백유경』은 웅변하고 있다.

바람, 봄바람은 봄과 같이 올 때 대지에 환희가 넘치고 얼어붙은 땅에 만물이 소생하는 묘약이 될 수 있듯이 교단은 자정능력을 배가하여 구원의 문제를 해결하는 첨병이 될 때만이 종교의 기능과 몫을 다하리라고 본다.

• 낱말풀이 •

제1장

1 몽우리: 모난 돌이 닳아 둥글둥글하게 된 돌
2 윷진아비: 내기나 경쟁에서 계속 지면서도 다시 하자고 자꾸 달려 드는 사람을 비유적으로 이르는 말
3 헌헌장부軒軒丈夫: 풍채가 당당하고 의젓한 남자
4 보지락: 농촌에서 비가 온 분량을 헤아리는 말. 빗물이 땅속에 스며들어 그 깊이가 보습이 들어갈 만큼 된 정도를 이른다.
5 미랭시未冷尸: 아직 식지 않았을 뿐인 송장이라는 뜻으로, 아주 늙어서 사람 구실을 못하는 사람을 이르는 말
6 배주룩: 물체가 끝이 조금 앞으로 나와 있는 모양을 나타내는 말
7 메나리: 경상도, 전라도, 충청도에서 농부들이 들일을 하면서 부르는 민요의 하나. 슬프고 처량한 음조를 띠며 노랫말은 지역에 따라 조금씩 다르게 나타난다.
8 초매超邁: 월등하게 뛰어남
9 파근한(파근하다): (다리가) 힘이 빠져 노곤하고 걸음이 무겁다.
10 나부시: ❶ 공손하게 천천히 고개를 숙이거나 엎드려 절하는 모양을 나타내는 말. ❷ 작은 사람이나 물체가 천천히 땅으로 내리거나 앉는 모양을 나타내는 말
11 클클하면(클클하다): (마음이) 시원스럽게 트이지 못하고 답답하거

나 궁금한 생각이 있다.

12 희황상인羲皇上人: 복희씨 이전의 오랜 옛적의 사람이라는 뜻으로 세상일을 잊고 한가하고 태평하게 숨어 사는 사람을 이르는 말(세사를 잊고 안일하게 사는 사람)

13 나부랭이: ❶ 어떤 사람이나 물건을 하찮게 여겨 이르는 말. ❷ 헝겊이나 종이 따위의 자질구레한 오라기

14 환環세계(umwelt): 각각의 동물들이 경험하는 주관적으로 느끼는 현실로서의 세계

15 행짜: 심술을 부려 남을 해롭게 하는 일

16 베거리: 꾀를 써서 남의 속마음을 은근히 떠보는 짓

17 애발라(애바르다): (사람이) 재물과 이익을 재빠르게 좇아 덤벼드는 데 소질이 있다.

18 홍고린 엘스: 몽골 남고비사막의 모래언덕

19 목새: 물결에 밀려 한 곳에 쌓인 보드라운 모래

20 트레바리: 이유 없이 남의 말에 반대하기를 좋아하는 사람을 얕잡아 이르는 말

21 고샅: ❶ 마을의 좁은 골목길. ❷ 좁은 골짜기의 사이. ❸ 신체 부위 중에서 사타구니를 비유적으로 이르는 말

22 쿠렁쿠렁거리며(쿠렁쿠렁하다): (물건이) 좀 큰 자루나 봉지 따위에 가득 차지 않아 들썩들썩한 상태

23 경위涇渭: 사리의 옳고 그름과 시비의 분간

24 너스래미: 물건에 쓸데없이 너슬너슬하게 붙어 있는 거스러미나

털 따위를 이르는 말

25 너설: 돌이나 바위가 험하게 삐죽삐죽 튀어나온 곳

26 두리반: 크고 둥근 상

27 대추방망이: 단단하고 야무지거나 표독스럽게 생긴 사람을 비유적으로 이르는 말

28 책상물림: 책상 앞에 앉아 글공부만 하여 세상일을 잘 모르는 사람을 얕잡아 이르는 말

29 마름자: 마름질하는 데 쓰이는 자

30 미레자: 목수들이 나무에 먹으로 금을 그을 때 쓰는, 'ㄱ' 자, 'T' 자 모양의 자

31 꺽짓손: 쥐는 힘이 억세어서 호락호락하지 않은 손아귀

32 빙심옥호氷心玉壺: 얼음같이 맑은 마음이 티 없는 옥 항아리에 있다는 말로, 마음이 티 없이 맑고 깨끗함을 이르는 말

33 강담: 흙을 쓰지 않고 돌로만 쌓은 담. 특히 제주도의 현무암으로 쌓아서 만든, 구멍이 숭숭 나 있는 담

34 효빈效顰: 덩달아 남의 흉내를 내거나 남의 결점을 장점으로 알고 본뜸

제2장

1 적바림: 나중에 참고하기 위하여 글로 간단하게 적어 둠. 또는 적어 둔 글

2 옆잡이: 책의 글 오른쪽이나 왼쪽에 작은 글씨로 적어 놓은 풀이나

설명

3 신삭新削: 머리를 막 깎았다는 뜻으로서 이제 막 승려가 된 사람

4 뜨악한(뜨악하다): ❶ (기분이나 표정이) 선뜻 끌리지 않아 언짢고 싫어서 꺼림칙하다. ❷ (사귀는 관계나 사이가) 마음이 잘 맞지 않아 서먹하다.

5 바지랑대: 빨랫줄을 받치는 장대

6 지노귀새남: 죽은 사람의 혼이 극락으로 가도록 하는 굿. 보통 서울, 경기, 황해 지역에서 행하는 굿을 말하며, 장례 후 바로 하는 것과 몇 년 후에 날을 받아서 하는 것이 있다.

7 언틀먼틀한(언틀먼틀하다): (길이나 물건 따위가) 바닥이 고르지 못하고 울퉁불퉁하다.

8 대신불약大信不約: 큰 믿음은 약속을 하지 않는다.

9 딸딸거림(딸딸하다): 먹은 것이 잘 소화되지 않아 뱃속이 마구 끓는 소리를 나타내는 말

10 노아천슬蘆芽穿膝:『선문염송설화집』29권에 나온 표현. 갈대 싹이 자라 수행자의 무릎을 뚫는다.

11 구각춘풍口角春風: 말이 부드럽고 점잖다. 좋은 말재주로 남을 칭찬하여 즐겁게 하다.

12 조행操行: 생활에서 나타나는 온갖 태도와 행실. 사람으로서 사람다운 행실을 가짐

13 음충맞아(음충맞다): (사람이나 그 언행이) 엉큼하고 불량한 데가 있다.

14 똘기: ❶ '똘배'의 방언(강원, 충북) ❷ 채 익지 않은 과일

15 가로장: 가로로 건너지른 나무 막대기

16 와각지쟁蝸角之爭: 달팽이의 더듬이 위에서 싸운다는 뜻으로, 하찮은 일로 승강이하는 짓이나 작은 나라끼리의 싸움

17 편복鞭扑: 종아리나 볼기를 침

18 삐주룩하게(삐주룩하다): (물체가) 끝이 매우 길게 앞으로 나와 있다.

19 개지: ❶ 종이에 잘못 쓴 것을 새 종이에 다시 씀. ❷ 사월 초파일에 다는 등燈에 모양을 내기 위하여 등의 모서리나 아래쪽에 달아 늘어뜨린 색종이 조각

20 앙달머리: 어른이 아닌 사람이 어른인 체하며 부리는 얄망궂고 능청스러운 짓

21 한고조寒苦鳥: 인도 대설산에 산다는 상상의 새. 밤이 깊으면 추위에 떨다 '날이 밝으면 집을 짓겠다'라고 울다가도 날이 밝으면 모두 잊고서 '무상한 이 몸에 집은 지어 무엇하리' 하고 그대로 지냈다고 한다. 불경에서는 이 새를 중생이 게을러 성도成道를 구하지 않는 것에 비유한다.

22 토기골락兎起鶻落: 글씨의 필세筆勢가 건쾌健快함

23 주경遒勁: 그림이나 글씨 따위에서 붓의 힘이 굳셈

24 괴끼: 벼·보리·옥수수 따위 곡식의 수염 부스러기

25 서리서리: ❶ 국수나 노끈 따위의 긴 물건을 둥그렇게 포개어 여러 차례 감아 놓은 모양을 나타내는 말. ❷ 어떤 감정이 매우 복잡

하게 얽힌 모양을 나타내는 말

26 송명松明: ❶ 관솔 ❷ 관솔불
27 대바라기: 끝물에 따 들이지 못해 서리를 맞고 말라 버린 고추나 목화송이
28 실루엣: ❶ 복장의 세부적인 디자인을 제외한 윤곽 또는 외형. ❷ 인물이나 사물의 외관을 대충 나타내는 그림. ❸ 그림자 그림만으로 표현한 영화
29 버르적거리는(버르적거리다): ❶ (사람이나 동물이) 어렵거나 힘든 일에서 벗어나려고 팔다리를 내저으며 몸을 자꾸 크게 움직이다. ❷ (사람이나 동물이 몸이나 팔다리를) 어렵거나 힘든 일에서 벗어나려고 자꾸 크게 내젓거나 움직이다.
30 지질버력: 광물이 섞이지 않은, 질이 가장 낮은 잡돌
31 갑시지(갑시다): (사람이) 바람이나 물 따위가 목구멍으로 갑자기 들어와서 숨이 막히게 되다.

제3장

1 무생심無生心:『돈오입도요문론頓悟入道要門論』에서는 "일체처에 집착이 없는 마음이 곧 불심인데, 또한 해탈심이라고도 말하고, 또한 보리심이라고도 말하며, 또한 무생심이고도 말하고, 또한 색의 자성이 공하다(色性空)라고도 말한다. 경전에서 무생법인을 증證이라 말한 것도 곧 이것이다. 그대가 만약 이런 경지를 터득하지 못했다면 노력하고 또 노력하라. 그리하여 부지런히 노력에 힘씀(用功)을 더

하여 그 공이 성취되면 스스로 알게 될(會) 것이다."라고 한다.
2 지에밥: 찹쌀이나 멥쌀 등을 물에 불려 시루에 찐 밥. 약밥이나 인절미를 만들거나 술밑으로 쓴다.
3 회오리밤: ❶ 밤송이 속에 한 톨만 들어 있는, 동그랗게 생긴 밤. ❷ 장난감의 한 가지. 동그랗게 생긴 외톨밤을 삶아서 위쪽 부리에 구멍을 뚫고 속을 파내어 버리고, 실에 매달아서 휘두르면 휙휙 소리가 난다.
4 지어농조池魚籠鳥: 못 속의 물고기나 새장 속의 새처럼 자유롭지 못함
5 메이파쯔(沒法子): 어쩔 수 없다. 천명이다. 동진 시대 귀신, 신선, 주술에 빠진 무지한 서민들을 말하는 것으로, 관리와 호족의 착취에도 참고 근로에 종사하던 사람들
6 점액點額: 시험에 낙제함을 비유적으로 이르는 말. 용문龍門을 올라간 잉어는 용이 되고, 그렇지 않은 것은 이마에 점이 찍혀서 돌아간다는 고사에서 나온 말이다.
7 밑둥치 : 둥치의 밑부분
8 차렵저고리: 솜을 얇게 두어 지은 저고리
9 아금받아(아금받다): 무슨 기회든지 악착같이 붙잡아 이용하는 소질이 있다.
10 문뱃내: 술 취한 사람의 입에서 나는 술 냄새
11 미리내: 은하수
12 고섶: 물건을 넣어 두는 곳이나 그릇 따위에서 손쉽게 찾을 수 있

는 맨 앞쪽

13 꿰방: 기둥의 중방 구멍이나 문짝의 문살 구멍 따위를 아주 내뚫은 구멍

14 아니리: 판소리에서 소리와 소리 사이에 가락을 붙이지 않고 이야기하듯 줄거리를 설명하는 부분

15 발림: 판소리에서 소리꾼이 소리의 극적인 전개를 돕기 위하여 소리의 가락이나 사설의 내용에 따라서 몸짓과 손짓으로 나타내는 동작

16 단청丹靑: ❶ 옛날식 건물의 벽과 기둥, 천장 따위에 여러 가지 색으로 그림이나 무늬를 그림. 또는 그 그림이나 무늬. ❷ 여러 가지의 고운 빛깔. 또는 그 빛깔을 내는 물질

17 알음알이: ❶ 서로 가까이 알고 지내는 사람. ❷ 어려운 일을 잘 피하는 꾀바른 수단. ❸ 늘어나는 재주나 슬기

18 나비잠: 갓난아이가 두 팔을 머리 위로 벌리고 자는 잠

19 히뜩거리고(히뜩거리다): ❶ (사람이) 몸을 뒤로 젖히며 자꾸 힘없이 넘어지거나 구르다. ❷ (사람이) 얼굴을 돌리며 슬쩍슬쩍 자꾸 뒤를 돌아보다.

20 편비내: 둑이 무너지지 않도록 대나 갈대를 엮어 둘러치는 일

21 어리장수: ❶ 닭이나 오리 따위를 어리나 새장에 넣어 지고 다니면서 파는 사람. ❷ 닭의 어리처럼 생긴 그릇에 잡화를 넣어 지고 다니면서 파는 사람

22 잠방이: 가랑이가 무릎까지 내려오도록 짧게 만든 남자용 홑바지

23 채필彩筆: 여러 가지 색깔을 칠하는 데에 쓰는 붓

24 어느메쯤: '어디쯤'의 방언(평안도)

25 위음이전威音以前: 위음왕이전威音王以前의 약칭으로, 과거장엄겁過去 莊嚴劫에 있어서 최초의 부처를 위음왕불威音王佛이라고 하므로 부모 미생전父母未生前, 천지미분전天地未分前이라는 말과 같이 과거의 과거 제過去際를 표시한 것이다.

26 사설私說: 개인의 의견이나 설

27 아둔패기: 지혜롭지 못하고 미련한 사람을 얕잡아 이르는 말

28 좌도坐盜: 절도죄를 짓다. 귤화위지橘化爲枳 – '귤이 탱자로 변했다' 는 뜻으로 '사람이나 사물이 환경과 조건에 따라 나쁘게 변한 것' 을 비유한다. 『안자춘추晏子春秋』

29 회수淮水: 양자강 하류 지역으로 중국의 남북을 가로지르는 강

30 악지: 잘되지 않을 일을 억지로 해내려는 고집

31 이카루스의 신화: 이카루스는 뛰어난 장인이었던 다이달로스의 아들이었다. 다이달로스는 미노스 왕의 미움을 받아 자신이 만든 미궁에 아들과 함께 갇히게 된다. 다이달로스는 새의 깃털을 모아 밀랍으로 붙인 후, 날개를 만들어 이카루스와 함께 하늘을 날아 미궁을 탈출하게 된다. 이때 다이달로스는 너무 높이 날면 태양이 밀랍을 녹여 떨어질 것을 경고하였으나 하늘을 나는 기분에 도취 되었던 이카루스는 계속해서 고도를 높였고, 결국 이카루스는 순 간의 비상을 맛본 후 밀랍이 녹아 떨어져 죽게 되었다. 이카루스 는 너무 높이 올라가면 밀랍이 녹아 떨어져 죽을 것을 알고 있었

으나, 무모하게도 더 높이 오르다 죽음을 맞이한다.

32 운형수제雲兄水弟: 같이 수행하는 도반의 친밀함을 나타내는 말. 구름처럼 무심하고 물처럼 담담하면서도 심심상련心心相連하는 수행자들이 청정도량에 모여 수도하는 사람들을 가리키는 말로 사해형제四海兄弟, 운중수중雲衆水衆이라고도 한다.

33 추엽비화墜葉飛花: 잎이 지고 꽃이 지는 것

34 운유평기雲遊萍寄: 구름이 흐르고 부평초가 바람 부는 대로 움직이는 것

35 매지구름: 비를 머금은 거무스름한 빛깔의 구름

36 자하子夏: 공자의 10대 제자 중 한 사람

37 상명지통喪明之痛: 눈이 멀 정도로 슬프다는 뜻으로, 공자의 제자 자하가 아들을 잃고 슬피 울다가 눈이 멀었다는 데서 아들을 잃은 슬픔을 비유

38 걸태질: 염치나 체면을 생각하지 않고 탐욕스럽게 재물을 마구 긁어 모으는 짓

39 허밍humming: 입을 다물고 콧소리로 발성하는 창법. 큰소리를 내기 어렵고 가사를 읊을 수 없으나 특수한 음색 효과를 얻을 수 있어 합창에서 많이 쓰인다.

40 가납사니: ❶ 쓸데없는 말을 크게 떠들어 대기 좋아하는 수다스러운 사람 ❷ 말다툼을 잘하는 사람

41 육育지니: 날지 못할 때에 잡아다가 길들인 한 살이 되지 않은 매

제4장

1 시난고난: 병이 심하지는 않으면서 오래 앓는 모양
2 타분한(타분하다): ❶ (음식의 냄새나 맛이) 신선하지 못하다. ❷ (입맛이) 개운하지 않다. ❸ (날씨나 기분이) 시원하지 못하여 답답하고 따분하다.
3 잔주: 술에 취하여 늘어놓는 잔소리
4 이러구러: 시간이 이럭저럭 지나가는 모양을 나타내는 말
5 잡도리: ❶ 잘못되지 않도록 엄하게 다룸. ❷ 단단히 준비하거나 대책을 세움. ❸ 아주 요란스럽게 닦달함
6 붉은광장(Красная площадь): 모스크바에 있는 광장
7 자미원국紫微垣局: 명당 중의 명당. 천상의 성운의 별자리가 땅에 드리워진 형국을 말하는데, 자미원紫微垣, 천시원天市垣, 태미원太微垣, 소미원少微垣 사대원국을 말하는 것이다. 이중 자미원국을 으뜸으로 치는데 자미원국은 풍수의 형세상 황제의 자리라 하여 전 세계를 지배하고 다스리는 황제가 머무는 자리를 말한다.
8 노을: 해가 뜨거나 지려고 할 때에 하늘이 햇빛을 받아 붉게 보이는 현상
9 허조許稠: 조선 세종대의 문신으로 황희와 더불어 쌍벽을 이루던 명재상이다.
10 단령團領: 조선시대에, 깃을 둥글게 만든 공복公服
11 노생盧生: 한단邯鄲의 서생으로, 당나라 현종 때 도사인 여옹呂翁이 조나라의 수도였던 한단으로 가던 중 만났다는 사람이다. 고사성

낱말풀이

어로 노생지몽盧生之夢이라는 표현이 있으며, 한때의 헛된 부귀영화를 표현한다.

12 구양수: 중국 송나라의 정치가이자 문인
13 도채塗彩장이: 칠하는 일을 업으로 하는 사람
14 워걱거리는(워걱거리다): (여러 개의 단단한 물건들이) 뒤섞여서 자꾸 부딪치는 소리가 나다.
15 부엉이살림: 자기도 모르는 사이에 갑자기 부쩍부쩍 느는 살림을 비유적으로 이르는 말
16 오둠지: 그릇의 윗부분
17 은죽銀竹: 은빛 나는 대나무 줄기라는 뜻으로, 몹시 퍼붓는 소나기를 비유적으로 이르는 말
18 시천창창천자불벽視天蒼蒼天字不碧: 하늘을 보니 파랗기만 한데 '하늘 천天' 자는 푸르지가 않다.『연암집』

내 사유의 속살들

2013년 11월 15일 초판 1쇄 인쇄
2013년 11월 20일 초판 1쇄 발행

지은이 최현각
펴낸이 김희옥
펴낸곳 도서출판 한걸음·더

주소 100-715 서울시 중구 필동 3가 26
전화 02-2260-3483~4
팩스 02-2268-7851
Homepage http://www.dgpress.co.kr
E-mail book@dongguk.edu
출판등록 제2-4748(2007. 11. 15)

편집디자인 나라연
인쇄처 서진인쇄

ISBN 978-89-93814-41-5 03810

● 이 책의 무단 전재나 복제 행위는 저작권법 제98조에 따라 처벌받게 됩니다.
● 책값은 뒤표지에 있습니다.
● 잘못된 책은 바꾸어 드립니다.